Karlheinz Barth

Die Diagnostischen Einschätzskalen (DES) zur Beurteilung des Entwicklungsstandes und der Schulfähigkeit

Handanweisung – Aufgabenteil – Auswertungs- und Einschätzbogen – Entwicklungsprofilbogen

8., durchgesehene Auflage

Ernst Reinhardt Verlag München

Dr. Dipl.-Psych. *Karlheinz Barth* hat langjährige Erfahrung in der Beratung für Kinder, Jugendliche und Erwachsene sowie in der Fortbildung von ErzieherInnen, GrundschullehrerInnen und SonderpädagogInnen; 2006 habilitierte er an der TU Dortmund.

Außerdem von K. Barth im Ernst Reinhardt Verlag erschienen:

Testbogen zu den Diagnostischen Einschätzskalen (DES) zur Beurteilung des Entwicklungsstandes und der Schulfähigkeit
(10er-Pack, 5. Aufl. 2017, ISBN 978-3-497-02622-7)

Lernschwächen früh erkennen im Vorschul- und Grundschulalter
(7. Aufl. 2020, ISBN 978-3-497-02953-2)

Barth, K., Gomm, B.: Gruppentest zur Früherkennung von Lese- und Rechtschreibschwierigkeiten. Phonologische Bewusstheit bei Kindergartenkindern und Schulanfängern (PB-LRS) – Manual
(3. Aufl. 2014, ISBN 978-3-497-02350-9)

Barth, K., Gomm, B.: Gruppentest zur Früherkennung von Lese- und Rechtschreibschwierigkeiten. Phonologische Bewusstheit bei Kindergartenkindern und Schulanfängern (PB-LRS) – Arbeitsheft
(7. Aufl. 2018, ISBN 978-3-497-02781-1)

Bibliografische Information der Deutschen Nationalbibliothek

Die Deutsche Nationalbibliothek verzeichnet diese Publikation in der Deutschen Nationalbibliografie; detaillierte bibliografische Daten sind im Internet über <http://dnb.d-nb.de> abrufbar.
ISBN 978-3-497-03138-2

8., durchgesehene Auflage

Printed in EU
Coverbild unter Verwendung eines Fotos von © Mat Hayward / Fotolia.com
Satz: Rist Satz & Druck GmbH, 85304 Ilmmünster

Ernst Reinhardt Verlag, Kemnatenstr. 46, D-80639 München
Net: www.reinhardt-verlag.de E-Mail: info@reinhardt-verlag.de

Inhalt

Handanweisung

1. Zielsetzung

Die Diagnostischen Einschätzskalen sind ein „Screening-Verfahren", das Erzieherinnen, Grundschullehrern, Sozialpädagoginnen von Schulkindergärten, Förderklassen und Sonderpädagogen Hilfestellung bei der Beurteilung des Entwicklungsstandes eines Kindes geben soll. Die DES sind kein Test im herkömmlichen Sinne, sondern eine Diagnosehilfe zur Feststellung der Lernausgangslage des Kindes. Die DES können im letzten Kindergartenjahr vor der Einschulung bzw. zu Beginn des schulischen Erstunterrichts angewandt werden. Ausgehend von der Überlegung, dass viele Kinder, die in den ersten beiden Grundschuljahren Schwierigkeiten im Erwerb des Lesens, Rechtschreibens oder Rechnens entwickeln, bereits im Kindergarten Entwicklungsauffälligkeiten zeigen, erscheint es zwingend notwendig, diese Kinder rechtzeitig, d. h. möglichst früh zu erkennen, so dass sie gezielte Hilfe und Förderung bekommen können. Die DES sollen Pädagogen und Erzieherinnen helfen, ihr pädagogisches Handeln immer auch mit dem Blick auf die Weiterentwicklung des Kindes zu planen und fundierte Beobachtungskriterien an die Hand zu bekommen, anhand derer sie einen Überblick über die Stärken, Normalleistungen und Entwicklungsbeeinträchtigungen eines Kindes bekommen können.

Diese Einschätzung ermöglicht auch eine kompetente und fundierte Elternberatung sowie eine Orientierung darüber, wann bestimmte weitere Fachdienste (Kinderärzte, neuropädiatrische Zentren, Beratungsstellen, Sprach-, Ergo-, Mototherapeuten usw.) zur genaueren diagnostischen Klärung der Entwicklungsauffälligkeiten eingeschaltet werden sollen. Die DES sollen ferner zur Klärung der Frage der Schulfähigkeit beitragen, wobei in erster Linie nicht Prognosen von Erfolg oder Versagen im Mittelpunkt stehen, sondern vielmehr sollen anhand der Aufgabenbereiche der DES die Faktoren bzw. Prozesse erkannt werden, die die weitere Entwicklung des Kindes behindern oder verzögern. Insofern beinhaltet die Durchführung der DES auch den Gedanken einer präventiven Diagnostik. Die Notwendigkeit der Früherkennung von Kindern mit Lernschwierigkeiten drückt sich auch explizit in verschiedenen Erlassen und Empfehlungen der Kultusministerkonferenz aus (z. B. LRS-Erlass des Kultusministeriums Nordrhein-Westfalen 1991; Empfehlung des Landes Brandenburg 1995). Anhand der bei Durchführung der DES gemachten Beobachtung lassen sich erste Hypothesen, d. h. vorläufige Interpretationen bzw. Vermutungsdiagnosen über die Schwierigkeiten des Kindes erstellen, die ggf. einer weiteren Abklärung durch entsprechende Fachdienste bedürfen. Ferner sollen die DES im Sinne eines förderorientierten Ansatzes helfen, für das entwicklungsverzögerte Kind einen geeigneten Förderplan aufzustellen. Die DES bieten somit eine differenzierte Möglichkeit zur Beurteilung des Entwicklungsstandes des Kindes, seiner Schulfähigkeit und zur Früherkennung von schulischen Lernschwierigkeiten.

2. Relevante Entwicklungsbereiche

Eine gute Entwicklungsdiagnostik sollte ganzheitlich orientiert sein und die wesentlichen Entwicklungsbereiche beinhalten. Zur Einschätzung des kindlichen Entwicklungsstandes sind dabei folgende Bereiche entwicklungspsychologisch relevant:

- Lateralität (Händigkeit)
- Motorik (Grob- und Feinmotorik)
- taktil-kinästhetische, vestibuläre, visuelle und auditive Wahrnehmungsverarbeitung
- visuelles und auditives Gedächtnis, Merkfähigkeit
- Sprechen (Lautbildung) und Sprache (Sprachverständnis)
- Körperschema
- Aufmerksamkeit, Konzentration, Ausdauer
- Affektivität, emotionale Grundstimmung
- Sozialverhalten

3. Theoretischer Ansatz der DES

Der Konzeption der DES liegt ein integrativer Ansatz zugrunde, in dem neuropsychologische Erkenntnisse, insbesondere der Ansatz von Jean Ayres zur sensorischen Integration, der Ansatz von Luria sowie neue Erkenntnisse zu Möglichkeiten der frühen Vorhersage von Lese-Rechtschreibschwierigkeiten (Schneider 1989; Skowronek 1992) sowie von Rechenstörungen (Lorenz 1993) miteinander verbunden sind.

4. Aufbau der DES

Die DES setzen sich aus drei Teilen zusammen:

a) der *Handanweisung,* die Informationen zum theoretischen Hintergrund und Konzeption der DES sowie zur praktischen Durchführung gibt,
b) dem *Aufgabenteil* mit den einzelnen Aufgaben für die verschiedenen Entwicklungsbereiche sowie den Hinweisen zur Bewertung der Aufgaben,
c) dem *Auswertungs- und Einschätzbogen*, auf dem die Fähigkeiten bzw. der Entwicklungsstand des Kindes

in den einzelnen Entwicklungsbereichen eingeschätzt werden kann.

Darüber hinaus enthält dieser Bogen noch Beobachtungshilfen zu möglichen Auffälligkeiten in den verschiedenen Entwicklungsbereichen. Ergänzend dazu können Beurteilungen des sozialen, emotionalen und motivationalen Verhaltens des Kindes abgegeben werden. Diese Einschätzungen können aus einer Fülle von Beobachtungsmöglichkeiten des Kindes beim Rollen-, Imitations-, Bewegungs-, Regel-, Strategiespiel usw. im Kindergarten bzw. Unterricht sowie bei der Durchführung der DES vorgenommen werden. Die meisten schulpflichtigen Kinder brauchen keine spezielle Diagnostik. Zeigen sich jedoch Entwicklungsauffälligkeiten (Näheres bei Barth 1999, Kap. 8) zum Beispiel im Bereich der Motorik (Grob/Feinmotorik) im Gleichgewicht, in der Sprachentwicklung, in der Ausdauer und Konzentration, im Behalten visueller und auditiver Informationen (z.B. bei Liedern, Versemerken), so ist die Durchführung der DES angebracht. Das Verfahren stellt nun gezielte Beobachtungssituationen her, in denen von einem bestimmten Verhalten auf eine bestimmte zugrunde liegende Beeinträchtigung bestimmter Funktionen geschlossen werden kann. Bei der Einschätzung des Entwicklungsstandes sollte man vor allen Dingen auch auf die Kinder achten, die immer wieder ganz bestimmte Tätigkeiten vermeiden (z.B. Malen, Klettern, Puzzeln etc.). Dieses Vermeidungsverhalten ist oft Ausdruck besonderer Schwierigkeiten des Kindes in diesem Bereich.

5. Durchführung der DES

Die Durchführung der DES erfordert eine kompetente, geübte Person, die sich vorher sowohl mit dem theoretischen Hintergrund als auch mit den einzelnen Aufgaben der DES gut vertraut gemacht hat. Kenntnisse aus dem Bereich der Entwicklungspsychologie und der Theorie zur „sensorischen Integration" bzw. zu „sensorischen Integrationsstörungen" sind dabei notwendig. Die Durchführung der DES setzt deshalb ein gewisses Maß an Vorwissen voraus. Es ist unbedingt erforderlich, dass Sie sich vor der Durchführung mit den Aufgaben der DES gut vertraut gemacht haben und die Instruktionen (Anweisung zur Aufgabendurchführung) für die einzelnen Aufgaben kennen. Dies gelingt am besten dadurch, indem man die DES vorher mit einer oder mehreren Kolleginnen, später mit Kindern durchführt. Das Vertrautsein mit den Aufgaben und den Instruktionen geben Ihnen die Gelegenheit, sich voll auf das Kind konzentrieren zu können, um so auch wichtige Verhaltensweisen des Kindes beobachten zu können. Die Reihenfolge der Durchführung der einzelnen Entwicklungsbereiche ist nicht festgelegt. Die vorliegende Reihenfolge ist aber für die Kinder abwechslungsreich, interessant und ansprechend. Je nach Ausdauer und Belastbarkeit des Kindes können die Aufgaben an verschiedenen Tagen durchgeführt werden. Der Gesamtdurchführungszeitraum sollte aber nicht länger als 3 bis 4 Wochen betragen. Für die Durchführung der DES werden ca. 1½ bis 2 Stunden benötigt.

Wichtig ist vor allem der Aufbau und die Aufrechterhaltung einer guten Beziehung zum Kind. Versuchen Sie, eine lockere, entspannte und stressfreie Atmosphäre aufzubauen und vermeiden Sie den Eindruck einer Testsituation. Eine Reihe von Aufgabenbereichen der DES lassen sich in ein Spiel einkleiden (z.B. Telefonnummern merken, Zauberspruch, Aufgaben zum Bereich der Grobmotorik). Wichtig ist dabei vor allem das genaue und gute Beobachten, wie ein Kind die entsprechenden Aufgaben löst (das Lösungsverhalten beobachten). Die Fähigkeit zur genauen Beobachtung erhöht den Wert der Beurteilung. Da entwicklungsverzögerte und wahrnehmungsgestörte Kinder sehr wohl ihre Leistungsminderungen registrieren und darunter leiden, sind sie leicht zu entmutigen. Deshalb sollen die Kinder immer wieder gelobt und ermutigt werden, ohne dabei aber zu übertreiben. Sie erhalten ein hohes Motivationsniveau, wenn Sie angemessen Lob und Ermutigung aussprechen.

Der Erfolg beim Lösen einer Aufgabe hängt aber nicht nur vom Wissen bzw. vom Entwicklungsstand des Kindes ab, sondern auch von seiner Lust, Motivation, seinem Selbstvertrauen und Selbstbild hinsichtlich seiner Fähigkeiten. Deshalb muss die momentane Stimmung des Kindes berücksichtigt werden. Achten Sie darauf, ob sich das Kind auf die Aufgaben konzentriert, indem Sie Mimik, Haltung, Art des Mitmachens beachten.

Führen Sie die DES nicht durch, wenn ein Kind müde ist, sich nicht wohl fühlt oder sich aus anderen Gründen nicht auf die Aufgaben konzentrieren kann. Ein aufrichtiges Interesse und Ansprechbarkeit für die Bedürfnisse und Gefühle des Kindes sind wichtiger als das „Durchziehen" der Aufgaben. Motivieren Sie das Kind, indem Sie ihm zu verstehen geben, dass Sie etwas Neuartiges zusammen machen (z.B. ein neues Spiel). Sagen Sie ihm, dass einige Aufgaben eher leicht, andere schwieriger sind und dass es nur darauf ankommt, dass es sich so gut wie möglich anstrengt. Bei Misserfolgen können Sie das Kind trösten („Die Aufgaben waren aber wirklich schwer!").

Benutzen Sie zur Erklärung der Aufgaben eine Sprache, die dem Niveau des Kindes entspricht. Die im Aufgabenheft enthaltenen Instruktionen (Aufgabenerklärungen) sind dabei eine wichtige Unterstützung. Achten Sie bei der Durchführung der Aufgaben auch auf Ihre eigenen Empfindungen und Gefühle, denn wenn Sie müde, aufgeregt oder gelangweilt sind, kann sich dies auf das Kind übertragen.

Oft fragen Kinder nach, ob ihre Aufgabenlösung richtig oder falsch war. Eine häufigere Rückmeldung darüber ist insofern problematisch, da Rückmeldungen über Misserfolge zu einem Motivationsabfall bzw. Unlustgefühl des Kindes führen können. Vertrösten Sie deshalb das Kind und geben ihm zu verstehen, dass Sie nach der Durchführung der Aufgaben über die eine oder andere Aufgabe gerne mit ihm reden möchten. Sagt ein Kind öfter „Ich weiß nicht" oder „Ich kann das nicht", kann dies auf mangelndes Wissen oder mangelnde Fähigkeit, aber auch auf mangelndem Wollen beruhen (weil es sich die Lösung/Durchführung der Aufgabe nicht zutraut). Das Kind kann deshalb zu weiteren Versuchen aufgefordert werden („Versuch es noch mal!“, „Ich wette, du schaffst das!“). Gehen Sie aber sorgfältig damit um, denn durch zu viel Drängen blockt das Kind unter Umständen völlig ab. Versagt ein Kind bei mehreren Aufgaben eines Entwicklungsbereichs hintereinander und verliert dadurch das Interesse, sollten Sie zur nächsten Aufgabengruppe weitergehen bzw. abschätzen, bei welchem Aufgabenbereich das Kind Erfolgserlebnisse haben könnte, und damit fortfahren.

Manche Aufgabenbereiche der DES können auch in einer Gruppensituation durchgeführt werden (z.B. Aufgaben zur Grobmotorik: Einbeinstand, Einbeinhüpfen, aber auch Malvorlage, Klatschrhythmus nachklatschen, Fingerdifferenzierung, Imitieren spezifischer Finger- bzw. Armstellungen, Aufgaben zum Anlaut erkennen, Silbenklatschen, Reimpaare erkennen usw.). Der Vorteil dieser Vorgehensweise liegt darin, möglichst zeitökonomisch mehrere Kinder beobachten zu können. Der Nachteil besteht darin, dass Gruppenbeobachtungen eine genaue Beobachtung des Kindes, seine Problemlöseansätze, seine motorische Koordination usw. erschweren. Trotz des größeren zeitlichen Aufwandes sind deshalb Einzelbeobachtungen von Vorteil, da viele weitere Aspekte beobachtet werden können. Manche haben vielleicht bei Einzelbeobachtung die Sorge, dass dadurch das Kind in eine „Testsituation“ gebracht würde, und lehnen sie deshalb ab. Demgegenüber ist einzuwenden, dass für viele Kinder die Tatsache, dass sich eine Erzieherin oder Lehrperson einen begrenzten Zeitraum nur mit ihm beschäftigt, eine besondere Motivation und Freude bedeutet. Ob eine „Testsituation“ entsteht, hängt letztlich von der Art der Beziehung zwischen Erwachsenem und Kind ab.

Bei der Durchführung der Aufgaben zum auditiven Gedächtnis ist unbedingt darauf zu achten, dass das Kind nicht durch Nebengeräusche oder anderes abgelenkt und in seiner Konzentration gestört wird. Die Bearbeitung dieser Aufgaben ist für ängstliche und leicht ablenkbare Kinder besonders schwierig. Deshalb ist gerade bei ihnen auf eine „stressfreie“ Atmosphäre zu achten. Hat das Kind eine Aufgabenstellung nicht verstanden, sollten Sie es ihm nochmals in einer kindangemessenen Weise erklären (oder vormachen).

Mit der Durchführung der DES besteht die Möglichkeit, die kindliche Aufmerksamkeitsspanne, seine Frustrationstoleranz auf Misserfolge, seine individuellen Problemlösungsansätze, seine grob- und feinmotorische Koordination, seine Ausdauer- und Konzentrationsfähigkeit direkt zu beobachten. Diese Beobachtungen erlauben auch Rückschlüsse auf das Selbstwertgefühl des Kindes, seine Arbeitsgewohnheiten und sein Verhalten auf Erfolg und Misserfolg. Stellen Sie sich auf jeden Fall darauf ein, dass Sie bei der Durchführung der DES eine informative und interessante Zeit mit dem Kind verbringen.

6. Bewertungskriterien

In die DES wurden solche Aufgaben, Beobachtungssituationen und Entwicklungsbereiche aufgenommen, die in der Fachliteratur als relevant beschrieben sind (externe Validität). Daraus wurden auch differenzierte Altersangaben und Kriterien für Auffälligkeiten entnommen. Eine Reihe von Entwicklungsbereichen der DES enthalten somit auch Angaben über altersentsprechende Leistungen. Außerdem sollen die verschiedenen Beobachtungshinweise Hilfestellung bei der Beurteilung von Entwicklungsauffälligkeiten geben. Nicht zuletzt können durch vielfältiges Erproben der DES bei Kindern mit unterschiedlichem Entwicklungsstand (altersentsprechende und entwicklungsverzögerte Kinder) vielfältige und differenzierte Erfahrungen gemacht und Vergleichsmöglichkeiten gefunden werden, die die eigene Beurteilungssicherheit erhöhen.

Viele Erfahrungen und Vergleichsmöglichkeiten mit unterschiedlich entwickelten Kindern helfen bei der Einschätzung des Entwicklungsstandes. Da Einzelbeobachtungen oft wenig aussagekräftig sind, soll durch den subjektiven Beurteilungsspielraum ermöglicht werden, auch Verhaltensbeobachtungen aus anderen Situationen mit in die Beurteilung einfließen zu lassen bzw. diese Beobachtung festzuhalten. Die Fähigkeiten der Kinder werden auf einer fünfstufigen Skala subjektiv beurteilt. Die Beurteilungsskala für die einzelnen Entwicklungs- bzw. Fähigkeitsbereiche lautet:

- „sehr ausgeprägt“ (dies entspricht ausgesprochen guten Fähigkeiten)
- „ausgeprägt“ (keine gravierenden Auffälligkeiten)
- „teils/teils“ (leichte Auffälligkeiten)
- „beeinträchtigt“ (stärkere Auffälligkeiten)
- „stark beeinträchtigt“ (starke Auffälligkeiten)

Die Bewertungsskala kann auch so interpretiert werden:

a) „sehr ausgeprägt“ und „ausgeprägt“ entsprechen altersentsprechenden bis überdurchschnittlichen Fähigkeiten.
b) „teils/teils“: Die Bereiche sollten sorgfältig weiter beobachtet werden.
c) „beeinträchtigt“ und „stark beeinträchtigt“: Falls die Einschätzung in diesen Bereich fällt, ist ein Beratungsgespräch mit Eltern indiziert, wobei die Eltern behutsam auf die Notwendigkeit einer genaueren diagnostischen Abklärung (falls dies noch nicht erfolgt ist) hingewiesen werden sollen (siehe dazu auch Barth 1999, Kap. 7). Dazu ist erforderlich, dass man weiß, wer bzw. welche speziellen Fachdienste eine genauere diagnostische Abklärung durchführen können.

Sehr hilfreich ist auch, eigene Beobachtungen und Einschätzungen im Team zu besprechen und durch Beobachtung und Einschätzung von Kolleginnen und Kollegen zu ergänzen. Zur besseren Übersicht dient ein Profilbogen, in den Sie in übersichtlicher Form Ihre Einschätzung zu den einzelnen Entwicklungsbereichen übertragen können. Die einzelnen Kästchen jedes Entwicklungsbereiches können durch eine Linie miteinander verbunden werden, so dass ein individuelles Entwicklungsprofil von Stärken, Beeinträchtigungen und Minderleistungen des jeweiligen Kindes entsteht.

7. Kurzfassung der DES

Aus zeitökonomischen Gründen und zur schnelleren Einschätzung können auch einzelne Aufgaben innerhalb der Entwicklungsbereiche oder auch ganze Entwicklungsbereiche für die Beurteilung weggelassen werden. Folgende Aufgabenbereiche sollten aber nach Möglichkeit durchgeführt werden:

1. Lateralität (Händigkeit), Präferenzdominanz
2. Grobmotorik: Gleichgewichtswahrnehmung, Körperkoordination

   A) Einbeinstand: Gleichgewichtswahrnehmung
   B) Balancieren über den Balken
   C) Balancieren auf markierter Linie (Seiltänzergang)
   D) Einbeinhüpfen (Hinkeln) mit dem rechten/linken Bein
   E) Beidbeinhüpfen über ein Seil: seitliches Hin- und Herspringen
   F) Balancieren im Scherenschritt

3. Feinmotorik: Finger- und Handgeschicklichkeit, visuomotorische Koordination, Graphomotorik

   A) Malvorlage
   B) Aufgaben zur Auge-Hand-Koordination: visuo-motorische Koordination

4. Altersgemäß entwickelte Augenmotorik (Augenmuskelkontrolle)

   A) Fixieren eines Gegenstandes
   B) Einen Gegenstand im Kreisbogen führen
   C) Wegen folgen

5. Auditives Kurzzeitgedächtnis, Rhythmus erfassen

   A) Auditiv-motorische Integration: einen Klatschrhythmus nachklatschen
   B) Telefonnummern und Zauberspruch merken und nachsprechen

6. Taktile Wahrnehmung: Berührungs-/Tastwahrnehmung

   A) Punkte lokalisieren
   B) Graphästhesie: Hautzeichnung, Formen erkennen

7. Kinästhetische Wahrnehmung: Muskel- und Bewegungswahrnehmung

   A) Fingerdifferenzierung
   B) Seitliches Kreisen mit den Zeigefingern
   C Finger-Nase-Versuch
   D) Imitieren spezifischer Finger- bzw. Armstellungen (rechte/linke Hand)
   E) Zielgenauigkeit

8. Körperschema, Körperorientierung

   A) Mensch-Zeichnung
   B) Die wesentlichen Körperteile benennen
   C) Bewegungsplanung

9. Gestalt-Form-Auffassung: Visuelles Gedächtnis, visuelles Operieren
10. Phonologische Bewusstheit: Lautanalyse, Lautsynthese, Silbensegmentierung, Reimpaare erkennen

    A) Anlaute erkennen
    B) Silben klatschen
    C) Lautsynthese: Laute zu einem Wort verbinden
    D) Reimpaare erkennen

11. Mengenerfassung
12. Phonematische Diskriminationsfähigkeit, Lautdifferenzierung
13. Optische Differenzierungsfähigkeit, visuelle Aufmerksamkeitsspanne
14. Visuelle Figur-Grund-Erfassung
15. Lautbildungsfähigkeit
16. Visuelles Gedächtnis, Symbolfolgegedächtnis
17. Sprachgedächtnis, auditive Merkfähigkeit
18. Handlungsplanung, Sequenzgedächtnis, Sprachverständnis
19. Visuelles Operieren (Reihenbildung, Größenzuordnung)

Zusätzlich zu den in den DES dargestellten Entwicklungsbereichen lassen sich auch *Erweiterungen/Ergänzungen* durchführen. Bei Kindern mit Sprachauffälligkeiten (z. B. Lautbildungsschwierigkeiten, Sprachverständnisproblemen) kann ergänzend die *Mundmotorik* überprüft werden (orale Praxie), indem die folgenden Aufgabenstellungen dem Kind sowohl sprachlich erklärt als auch vorgemacht werden:

- Zähnezeigen durch Verziehen des Mundwinkels
- Backen mit Luft aufblasen
- mit der Zunge die Nasenspitze und die Unterlippe berühren
- die Zunge bei geöffnetem Mund rasch von einer Mundecke zur anderen hin und her bewegen
- die Zunge gegen die rechte und linke Innenseite der Backe drücken.

Ergänzend können zur Einschätzung des *sozial-emotionalen Entwicklungsstandes* folgende Punkte beurteilt werden:

20. Kontaktfähigkeit
21. Konfliktverhalten
22. Eigensteuerung und Kooperationsverhalten
23. Konzentrationsfähigkeit und Ausdauer
24. Aufmerksamkeit gegenüber dem gesprochenen Wort
25. Ausführungen von Anweisungen und Aufforderungen an die Gruppe
26. Gefühlsstabilität und emotionale Zuwendungsfähigkeit
27. Flexibilität des Verhaltens
28. Neugierverhalten

Ein *Entwicklungsprofilbogen* bildet den Abschluss der DES und die Gesamteinschätzung von Entwicklungsstand und Schulfähigkeit.

Literatur

Barth, K. (1999): Schulfähig. Beurteilungskriterien für die Erzieherin. 6. Aufl. Herder, Freiburg/Br.

Lorenz, J. H. (1993): Eine Rechenstörung früh erkennen. Grundschule 6, 8–9

Schneider, W. (1989): Möglichkeiten der frühen Vorhersage von Leseleistungen im Grundschulalter. Zeitschrift für pädagogische Psychologie 3, 157–168

Skowronek, H., Jansen, H. (1992): Früherkennung der Lese-/Rechtschreibschwäche. preprint: Forschung an der Universität Bielefeld 6

Aufgabenteil
Instruktionsteil für den Testleiter

Zu den mit * versehenen Aufgaben ist dem Kind eine Bildvorlage zu geben (s. Bildteil).

1. Lateralität (Händigkeit), Präferenzdominanz

Die Händigkeit wird bei Tätigkeiten des Kindes beobachtet. Die spontane Bevorzugung einer Hand bei der Durchführung verschiedener Tätigkeiten (wie z.B. malen, würfeln, schneiden, hämmern, schreiben, einen Lichtschalter anknipsen) wird als Hinweis der Händigkeit angesehen und erlaubt eine grobe Orientierung bezüglich der Geschicklichkeitshand des Kindes. Weitere Beobachtungsmöglichkeiten zur Feststellung der Händigkeit:

- Mit welcher Hand stapelt das Kind die Holzstäbchen auf den „Packesel"? (Dabei ist darauf zu achten, dass durch die räumliche Anordnung nicht die Bevorzugung einer Hand vorgegeben wird.)
- Sich einen Ball (oder Tennisring) mit einer Hand aus ca. 2 Meter Entfernung zuwerfen lassen. (Das Kind hebt den Ball zuvor vom Boden auf.) Mit welcher Hand greift bzw. wirft das Kind?
- Auf dem Xylophon spielen, mit Trommelstock einen Rhythmus schlagen.
- Perlen auf einen Faden auffädeln.
- Mit dem Hammer einen Nagel einschlagen.

Beobachtungshinweise:

- Welche Hand bevorzugt das Kind bei der Bewältigung feinmotorischer Handlungen?
- Wechselt es bei Tätigkeiten oft die Hand? Kann es die Körpermittellinie überkreuzen?

2. Grobmotorik: Gleichgewichtswahrnehmung, Körperkoordination

Die Aufgaben sollen die Fähigkeiten des Kindes in der Körperbeherrschung, im Gleichgewicht und der Koordination von Bewegungsabläufen sichtbar machen. Die Erzieherin soll dem Kind jede Aufgabe vormachen und es dann auffordern, es ihr nachzumachen. Diese Aufgaben können auch in einer Gruppensituation durchgeführt werden. Die Kinder sollen die Übungen am besten ohne Schuhe durchführen.

A) Einbeinstand: Gleichgewichtswahrnehmung

Das Kind wird gebeten, so lange, wie es kann, auf einem Bein zu stehen. Die Arme sollen herabhängen, das andere Bein leicht angewinkelt sein.

Instruktion: „Ich möchte mal sehen, wie lange du es schaffst, auf einem Bein zu stehen."

Die Aufgabe wird mit dem rechten und linken Bein ausgeführt.

Fünfjährige Kinder sollten ca. 8 Sekunden, sechsjährige ca. 10–12 Sekunden auf einem Bein stehen können, Erstklässler ca. 15–20 Sekunden.
Mit 7 bis 8 Jahren können die meisten Kinder länger als 20 Sekunden auf einem Bein stehen.

Ergänzung: Den Einbeinstand (links/rechts) können die Kinder auch mit geschlossenen Augen durchführen. Dies ist schwieriger und erfordert ein gutes Funktionieren des vestibulären und kinästhetischen Systems. Starke Diskrepanzen zwischen Einbeinstand bei offenen und geschlossenen Augen können Hinweise auf Schwierigkeiten der vestibulären und kinästhetischen Wahrnehmung sein.

Beobachtungshinweise:

- Kann das Kind nur kurz stehen?
- Muss es starke Ausgleichsbewegungen machen (rudert mit den Armen), um das Gleichgewicht zu halten?
- Bestehen Unterschiede in der Standsicherheit bei rechtem/linkem Bein?
- Lässt es sich auf den Boden fallen, macht nicht mit („das kann ich nicht")?
- Muss es oft den anderen Fuß zu Hilfe nehmen, um nicht umzufallen?

B) Balancieren über den Balken

Das Kind balanciert über den Balken einer umgedrehten Langbank.

C) Balancieren auf markierter Linie (Seiltänzergang)

Das Kind soll auf einem ca. 10 cm breiten und ca. 2 Meter langen Streifen (z.B. Teppichstreifen) einmal vorwärts und einmal rückwärts balancieren, indem es Fuß vor Fuß setzt. Der Streifen soll dabei nicht übertreten werden.

Beobachtungshinweise zu B) und C):

- Zeigt das Kind starke Ausgleichsbewegungen (starkes Ausbalancieren mit Armen und Beinen)?
- Wirkt es unsicher, ängstlich?
- Fällt es mehrmals vom Balken?
- Sucht es Halt beim Balancieren, will es sich festhalten?
- Übertritt es häufiger die markierte Linie (häufige Ausweichschritte)?
- Zeigt es Mitbewegungen/Überstreckungen im Hand- und Mundbereich?

D) Einbeinhüpfen (Hinkeln) mit dem rechten/linken Bein

- Auf der Stelle.
- In Fortbewegung: Das Kind soll zuerst auf einem, dann auf dem anderen Bein durch das Zimmer und dann wieder zurück hüpfen.

Fünf- bis sechsjährige Kinder sollten ca. 7 – 10-mal ohne Absetzen auf einem Bein hüpfen können.

E) Beidbeinhüpfen über ein Seil: Seitliches Hin- und Herspringen

Die Aufgabe besteht darin, mit beiden Beinen gleichzeitig seitlich über ein Seil (oder eine Holzleiste) hin- und herzuspringen. Das Überhüpfen des Seils sollte 4 – 5-mal ohne Pause/Absetzen gelingen.

F) Balancieren im Scherenschritt

Ein Seil soll im Scherenschritt überkreuzt werden (vorwärts). Das Seil befindet sich zwischen den Füßen des Kindes. Das Kind überkreuzt zuerst mit dem rechten Fuß das Seil, dann überkreuzt der linke Fuß das Seil, der rechte Fuß überkreuzt dann vor dem linken das Seil usw.

Balancieren im Scherenschritt

Beobachtungshinweise zu D) bis F):

- Wirkt das Kind schnell müde, erschöpft?
- Hüpft es langsam?
- Kann es beim Hüpfen abfedern, wirkt es eher plump?
- Hüpft es auf den Zehen oder mit der ganzen Fußsohle?
- Muss es mit den Armen starke Ausgleichsbewegungen machen?
- Kann es beim Beidbeinhüpfen die Beine geschlossen halten?
- Wirkt das Kind plump, ungelenkig, schlaffer Muskeltonus?
- Kämpft das Kind dabei mit Gleichgewichtsschwierigkeiten?
- Sucht es nach Halt (z. B. Hand der Erzieherin) beim Hüpfen?

Weitere Beobachtungsmöglichkeiten (optional):

- Auf Zehenspitzen gehen (ca. 8 – 10 Schritte): Man fordert das Kind auf, möglichst hoch auf Zehen zu gehen. Auffällige Beobachtungen: Abknicken in Knie und Hüfte; Überstrecken von Fingern und Armen; Mitbewegungen der Hände und im Gesicht (z. B. Grimassieren).
- Auf den Fersen gehen. Das Kind soll 8 – 10 Schritte auf den Fersen gehen.
- Mit beiden Beinen hüpfen wie ein Frosch (mehr als 5-mal). Schlusssprung von ca. 1 Meter.
- Purzelbaum (Rolle vorwärts) machen.
- Das Kind von der Langbank oder vom Stuhl springen lassen. Kommt es federnd oder plump auf?

Bewertung: Den Gesamteindruck zur Grobmotorik des Kindes beurteilen Sie auf der 5-stufigen Einschätzskala.

3. Feinmotorik: Finger- und Handgeschicklichkeit, visuo-motorische Koordination, Graphomotorik

Die Aufgaben prüfen die Fähigkeit zur Koordination von Auge und Hand sowie feinmotorische und graphomotorische Fähigkeiten des Kindes.

*A) Malvorlage**

Das unvollständige Bild soll nach der Vorlage vervollständigt bzw. ergänzt werden. Die Erzieherin bittet das Kind, die noch fehlenden Teile zu ergänzen. Das Kind soll selbstständig die fehlenden Teile finden.
Für die Beurteilung der Qualität der Handgeschicklichkeit eignen sich ferner folgende Beobachtungssituationen:

- Spiele wie „Packesel“ und „Mikado“,
- Kreisel andrehen,
- Bilder mit der Schere ausschneiden.

Beobachtungshinweise:

- Welche Hand bevorzugt das Kind beim Malen?
- Wie ausdauernd arbeitet es? Muss es immer wieder zur Weiterarbeit ermutigt werden?
- Erkennt es die fehlenden Teile?
- Ist die Stifthaltung auffällig? Gelingt der Pinzettengriff (Stift zwischen Daumen, Zeige- und Mittelfinger)?
- Ist der Mal-/Schreibdruck überhöht/sehr schwach?
- Wie ist die Strichführung (verzittert)?
- Hält das Kind mit der anderen Hand das Blatt fest, damit es nicht verrutscht?
- Kann das Kind die Körpermittellinie überkreuzen oder wechselt es beim Malen den Stift von der rechten in die linke Hand oder umgekehrt?
- Wie flüssig sind die Bewegungsabläufe?
- Wird das Handgelenk beim Malen abgehoben?

B) Aufgaben zur Auge-Hand-Koordination: visuo-motorische Koordination

Aufgaben: Das Kind soll mit einem weichen Bleistift eine Linie zwischen den beiden Begrenzungslinien ziehen, ohne den Stift abzuheben oder über den Begrenzungsrand hinauszufahren. Darauf achten, wie sorgfältig das Kind die Aufgaben durchführt (sehr hastig, ungenau, sehr langsam, verzitterte Strichführung).

Aufgabe 1*
Instruktion: „Der Fisch will in den See schwimmen. Du sollst mit deinem Stift dem Fisch den Weg zeigen, ohne an den Rand zu stoßen oder den Stift abzuheben.“

Aufgabe 2*
Instruktion: „Das Auto will in die Garage fahren. Ziehe eine Linie in der Mitte der Straße. Halte erst an, wenn du bei der Garage angekommen bist.“

Aufgaben 3 – 5*
Instruktion analog zu Aufgabe 1 und 2

Aufgabe 6*
Das Kind soll mit einem Stift möglichst genau auf der gestrichelten Linie fahren.

Instruktion: „Folge dem Weg des Schmetterlings auf der gestrichelten Linie."

Aufgabe 7*
Instruktion: „Folge dem Weg der Fliege auf der gestrichelten Linie."

Aufgabe 8*
Instruktion: „Da steigt Rauch aus dem Schornstein. Folge mit deinem Stift dem Rauch und male noch mehr Rauch dazu."

Aufgabe 9*
Instruktion: „Schau, das Flugzeug fliegt ein paar Schleifen. Folge mit deinem Stift den Schleifen und lass das Flugzeug noch ein paar Schleifen weiterfliegen."

Aufgabe 10*
Instruktion: „Du siehst hier eine kleine Maus, die zu dem Käse laufen möchte. Dazu muss sie durch diese Tore laufen (zeigen). Du sollst den Weg der Maus zum Käse zeigen, ohne an die Mauern (zeigen) zu stoßen oder den Stift abzusetzen. Mach es so gut wie du kannst."

Ergänzende Alltagsbeobachtungen zum Bereich Feinmotorik, Auge-Hand-Koordination:

- Das Kind schreibt seinen Namen nach (in großen Druckbuchstaben), den die Erzieherin vorgeschrieben hat,
- einen Ball/Tennisring aus ca. 2 Meter Entfernung auffangen,
- Perlen auffädeln,
- Scherenschneiden entlang einer Linie,
- Ausmalen von Bildern: Kann das Kind Begrenzungslinien einhalten?
- Holzstäbchen auf den „Packesel" aufstapeln,
- Steckspiele, Fingerspiele,
- Anziehen, Knöpfe auf- und zuknöpfen,
- Ballprellen,
- eine Schleife binden (ab 6 Jahre).

Bewertung: Den Gesamteindruck zum Bereich der Feinmotorik/Auge-Hand-Koordination beurteilen Sie auf der 5-stufigen Einschätzskala.

4. Altersgemäß entwickelte Augenmotorik (Augenmuskelkontrolle)

A) Fixieren eines Gegenstandes

Das Kind soll einen Gegenstand (z. B. Fingerhütchen, das auf einen Bleistift gesteckt ist) in einer Entfernung von ca. 40 – 50 cm etwa 10 Sekunden mit den Augen fixieren.

B) Einen Gegenstand im Kreisbogen führen

Der Gegenstand wird vor den Augen des Kindes in einem Abstand von ca. 40 – 50 cm in einem Kreisbogen nach rechts und links, sowie nach oben und unten, dann diagonal bewegt. Das Kind wird aufgefordert, den Gegenstand nur mit den Augen zu verfolgen, ohne den Kopf dabei zu bewegen. Die Erzieherin beobachtet dabei die Augenbewegungen des Kindes (abrupt/geschmeidig).

C) Wegen folgen*

Das Kind soll mit den Augen den jeweiligen Linien folgen und zeigen, in welchem Feld der Hase etc. ankommt.

Instruktion: „Schau, der Hase läuft den Weg entlang (zeigen). Zeig mir, wo der Hase ankommt."

Beobachtungshinweise: Ist das Kind in der Lage, den Gegenstand mit den Augen ca. 8 – 10 Sekunden zu fixieren bzw. zu verfolgen? Verlieren die Augen den bewegten Gegenstand? Auf ruckhafte, abrupte Augenbewegungen achten. Besteht ein Schielfehler?

5. Auditives Kurzzeitgedächtnis, Rhythmus erfassen

Die Aufgaben prüfen die Fähigkeit des Kindes, Gehörtes für kurze Zeit zu speichern und wiederzugeben (Speicherung und Wiedergabe lautlicher Sequenzen).

A) Auditiv-motorische Integration: Einen Klatschrhythmus nachklatschen

Das Kind soll einen Klatschrhythmus nachklatschen, der ihm vorgeklatscht wird. Das Kind sitzt dabei mit dem Rücken zur Erzieherin, so dass es die Klatschbewegungen nicht sehen kann. Lediglich beim Probeklatschen soll das Kind das Klatschen sehen, damit es nicht erschrickt. Nach dem Probeklatschen („Kannst du auch schon klatschen? Klatsch mal mit den Händen!") dreht sich das Kind um. Die folgenden Aufgabenbereiche lassen sich gut in ein Spiel eingliedern. Es ist darauf zu achten, dass das Kind auch verstanden hat, dass der Klatschrhythmus wichtig ist.

Instruktion: „Ich klatsche dir nun etwas vor. Hör genau zu, damit du es genauso klatschen kannst wie ich. Du darfst aber erst mit dem Klatschen beginnen, wenn ich ‚los' sage." Das Kind wird gebeten, sich umzudrehen, so dass es mit dem Rücken zur Erzieherin sitzt.

Vorübung: „Pass auf". Die Erzieherin klatscht zweimal in die Hände (klatsch-klatsch). „Nun klatsch du, los."

Aufgaben:
Die Erzieherin klatscht dann folgende Sequenzen (die Rhythmen können auch mit dem Tamburin nachgeklopft werden):

klatsch-klatsch-klatsch
klatsch – ca. 1 Sek. Pause – klatsch-klatsch
klatsch-klatsch – ca. 1 Sek. Pause – klatsch-klatsch
klatsch-klatsch-klatsch – ca. 1 Sek. Pause – klatsch
klatsch – ca. 1 Sek. Pause – klatsch-klatsch-klatsch
klatsch-klatsch-klatsch – ca. 1 Sek. Pause – klatsch-klatsch

B) Telefonnummern und Zauberspruch merken und nachsprechen

Instruktion: „Pass auf, ich sage dir jetzt gleich eine Telefonnummer. Du sollst sie dir merken und sie dann nachsprechen." „Sag mal 7 – 3."

Zwischen den Ziffern eine kleine Pause lassen. Falls sich das Kind beim ersten Mal die Zahlen- bzw. Silbenfolge nicht merken konnte, ist ein weiterer Versuch erlaubt. Störende Nebengeräusche sollen vermieden werden, damit das Kind nicht abgelenkt wird.

(1) 5 – 2 – 7
(2) 6 – 4 – 9
(3) 1 – 5 – 3 – 3
(4) 9 – 2 – 7 – 5
(5) 4 – 7 – 3 – 9 – 9
(6) 1 – 5 – 2 – 8 – 6

„Ich sage dir jetzt einen Zauberspruch. Pass gut auf und sprich mir nach."

(1) ki-ru-la
(2) bo-gu-wa
(3) re-lo-ma-no
(4) pe-ka-ti-ru
(5) ga-bo-di-ma-se
(6) pi-no-fa-ke-to

Beobachtungshinweise:

- Erfasst das Kind die Anzahl der Klatscher bzw. den Klatschrhythmus?
- Werden die Zahlen in der richtigen Reihenfolge nachgesprochen?
- Gelingt es ihm beim ersten Mal, sich die Zahlen-, Silbenreihe zu merken, oder braucht es dazu zwei Versuche?
- Werden die Silben des Zauberspruches korrekt lautiert?

Die Kinder sollten in der Lage sein, 4 – 5 Klatscher, mindestens eine 4-stellige Ziffer bzw. eine 4-stellige Silbenfolge zu behalten und wiederzugeben. Gelingt es dem Kind nicht, die Zahlen- bzw. Silbenfolge zu reproduzieren, kann dies auf eine eingeschränkte auditive Merkfähigkeit bzw. auf Schwierigkeiten bei der sequenziellen Speicherung und Wiedergabe verbaler Informationen hinweisen (oft in Zusammenhang mit vestibulären Störungen und/oder einer zentralen Fehlhörigkeit). Die nicht korrekte Wiedergabe der Silben des „Zauberspruchs" kann auch an Lautbildungsschwierigkeiten liegen.

Ergänzende Alltagsbeobachtungen:

- Kann das Kind Sätze nachsprechen (z. B. „Die Katze trinkt Milch aus einer Schüssel.")?
- Kann es gut Namen behalten (z. B. von Farben, Kindern)?
- Kann es sich Reimverse, Aufzählverse gut merken?
- Kann es sich Handlungsaufträge, Anweisungen merken (z. B. 2 – 3 miteinander verbundene Handlungsaufträge: „Lege das Buch auf den Stuhl, dann hole mir den Schlüssel, der auf dem Tisch liegt." = 2 Handlungsaufträge)?
- Kann das Kind bei Sing- bzw. Klatschspielen den Rhythmus erfassen und nachklatschen?

Den Gesamteindruck zum Bereich auditives Kurzzeitgedächtnis beurteilen Sie auf der 5-stufigen Einschätzskala.

6. Taktile Wahrnehmung: Berührungs-/ Tastwahrnehmung

Die Aufgaben prüfen die Fähigkeit des Kindes, Berührungsreize zu lokalisieren und zu unterscheiden.

Vorübung: Das Kind soll beide Hände und Arme auf den Tisch legen, die Handflächen nach unten. Dann wird es mit einem stumpfen Bleistift (oder Wattestäbchen) an einer Stelle der Handfläche angetippt und es soll den Berührungspunkt genau zeigen.

A) Punkte lokalisieren

Instruktion: „Ich werde dich jetzt an verschiedenen Stellen berühren, und du sollst mir genau zeigen, wo ich dich berührt habe. Damit es aber nicht so leicht wird, sollst du die Augen schließen, damit du nicht sehen kannst, wo ich dich berühre."

Die Berührung soll kurz und mit leichtem Druck erfolgen. Sie erfolgt an verschiedenen Stellen der Handoberfläche bzw. des Unterarms abwechselnd auf der linken und rechten Seite (ca. 5 – 7 Berührungen auf jeder Seite). Nach dem Berühren soll das Kind die Augen öffnen und genau zeigen, wo es berührt wurde. Taktil-kinästhetische Wahrnehmungsstörungen müssen recht gravierend sein, wenn Kinder hier versagen. Schwieriger wird die Aufgabe, wenn man gleichzeitig zwei Stellen berührt und sie zeigen lässt.

Ergänzung: Die Aufgabe kann erweitert werden, indem man das Kind gleichzeitig an zwei Stellen berührt. Hier zeigen sich unpräzise Lokalisationen deutlicher.

Beobachtungshinweise: Wie genau gelingt es dem Kind, die Berührungspunkte zu lokalisieren? Abweichungen von ca. 1 cm, maximal 2 cm sind unproblematisch. Gelingt es dem Kind nicht gut, die Punkte zu lokalisieren, sollte man die Aufgabe zu einem späteren Zeitpunkt wiederholen, da manche Kinder sich erst einfühlen müssen. Kinder mit impulsivem Lösungsverhalten neigen dazu, überschnell und ungenau zu zeigen.

B) Graphästhesie: Hautzeichnung, Formen erkennen

Mit einem stumpfen Stift wird dem Kind ein Symbol (bei geschlossenen Augen des Kindes) in die Handinnenfläche gezeichnet. Die Symbole sollten so groß wie möglich in die Handinnenfläche gezeichnet werden. Das Kind soll danach (mit geöffneten Augen) auf das entsprechende Symbol der Vorlage zeigen. Die Symbole werden in unterschiedlicher Reihenfolge jeweils in die rechte Handinnenfläche, dann in die linke Handinnenfläche gemalt. Kann das Kind das Symbol beim ersten Mal nicht richtig zuordnen, sollte ein weiterer Versuch gemacht werden.

Instruktion: Auf einer Vorlage (z. B. verschiedene Pappkärtchen) wird dem Kind ein Kreis, ein Kreuz, ein Dreieck und eine Welle (~) gezeigt (ca. 7 cm groß) und benannt („das ist ein Kreis, das ist ein Kreuz ..."). „Ich male dir jetzt eines von den Zeichen in deine Hand und du machst dabei die Augen zu und kannst spüren, was ich dir in die Hand male. Dann machst du die Augen wieder auf und zeigst mir (auf die Vorlage zeigen), was ich dir hineingemalt habe."

Ergänzende Alltagsbeobachtungen:

- Tastspiele, bei denen die Kinder gleiche/verschiedene Oberflächenbeschaffenheiten, Stoffe, Materialien etc. ertasten sollen. Z. B. soll das Kind 5 Stoffreste, welche sich unterschiedlich anfühlen (z. B. 2 x Seide, 2 x Wolle, 1 x Baumwolle etc.) jeweils zueinander passend ertasten.
- Wie reagiert das Kind auf Berührungen (abwehrend, ängstlich)?
- Vermeidet es bestimmte Materialien (z. B. Ton, Fingerfarben)? Taktile Abwehr?

Den Gesamteindruck zur taktilen Wahrnehmung beurteilen Sie auf der 5-stufigen Einschätzskala.

7. Kinästhetische Wahrnehmung: Muskel- und Bewegungswahrnehmung

Die Aufgaben zeigen die Fähigkeiten des Kindes, Veränderungen der Muskel- und Gelenkstellungen wahrzunehmen und zu imitieren. Die Aufgaben werden dem Kind erst vorgeführt, so dass es dann nachahmen kann.

A) Fingerdifferenzierung

Die Finger einer Hand (Zeigefinger, Mittelfinger, Ringfinger, kleiner Finger) berühren abwechselnd den Daumen (Daumen-Finger-Versuch). Diese Aufgabe wird erst mit der rechten, dann mit der linken Hand, dann beidhändig durchgeführt. Das Kind führt die Bewegungsfolge ca. 2–3-mal durch.

Variation: Das Kind soll ohne visuelle Kontrolle (ohne hinzuschauen) den Daumen-Finger-Versuch durchführen.

Beobachtungsmöglichkeiten: häufige Stockungen, kein flüssiger Bewegungsablauf, deutliche Mitbewegungen der Finger der anderen Hand.

B) Seitliches Kreisen mit den Zeigefingern

Beide Arme werden waagrecht ausgestreckt. Das Kind soll mit dem Zeigefinger *einer* Hand Kreise machen, Unterarm und Hände sollen sich nicht mitbewegen (mit rechtem/linkem Zeigefinger).

C) Finger-Nase-Versuch

Das Kind soll bei geschlossenen Augen mit dem Zeigefinger die Nase berühren (den Versuch 3-mal wiederholen). Kinder über 5 Jahre sollten jedesmal mit ihrer Fingerspitze ihre Nasenspitze berühren.

D) Imitieren spezifischer Finger- bzw. Armstellungen (rechte/linke Hand)

- Mit dem Zeige- und Mittelfinger eine V-Stellung imitieren (mit/ohne visuelle/r Kontrolle der eigenen Bewegung).
- Das Kind legt beide Arme auf den Tisch und soll die Augen schließen. Der rechte Arm des Kindes wird nach oben bewegt und in einer bestimmten Stellung belassen. Das Kind soll (bei geschlossenen Augen) mit dem linken Arm die gleiche Armstellung herstellen (etwa gleicher Winkel). Das Ganze dann umgekehrt.

Beobachtungshinweise zu A) bis D): Zeigt das Kind Mitbewegungen der nichtbeteiligten Hand oder im Gesicht (z. B. Zungenbewegungen, Grimassieren)?

E) Zielgenauigkeit

Auf ein DIN-A4-Blatt werden zwei (ca. 10-Cent-Stückgroße) Kreise gezeichnet und mit einer gebogenen Linie verbunden. Das Kind soll die Augen schließen. Die Erzieherin nimmt den Zeigefinger der rechten Hand des Kindes und führt diesen von der ersten Kreismitte über die Linie zur zweiten Kreismitte und wieder zurück. Dann soll das Kind (bei geschlossenen Augen) mit dem Zeigefinger ohne Hilfe wieder zum zweiten Kreis fahren und wieder zum ersten Kreis zurück. Dieselbe Aufgabe mit der linken Hand.

Ergänzende Alltagsbeobachtungen:

- Fingerspiele ermöglichen das Beobachten von Bewegungswahrnehmung.
- Ertasten einfacher Gegenstände (z. B. Schlüssel, Radiergummi, Gummikugel, Kamm etc.) oder geometrischer Holzformen (z. B. ca. 7 cm große Holzformen wie Dreieck, Kreis, +, Z) unter einem Tuch (stereognostische Wahrnehmung).
- Auf Stifthaltung (Pinzettengriff) beim Malen/Schreiben achten.
- Schreib- bzw. Maldruck beachten (hypotoner/hypertoner Muskeltonus).

Den Gesamteindruck zum Bereich kinästhetischer Wahrnehmung beurteilen Sie auf der 5-stufigen Einschätzskala.

8. Körperschema, Körperorientierung

A) Mensch-Zeichnung

Das Kind malt sich selbst (oder Mama/Papa) auf ein Blatt Papier (DIN A4). Zeichnet das Kind altersgemäß? Mit ca. sechs Jahren zeichnet die überwiegende Anzahl der Kinder ohne Vorlage eine menschliche Gestalt aus ca. 6 Teilen (Paariges wird als 1 Teil gerechnet: Kopf, Rumpf, Beine, Arme, richtige/unrichtige Fingerzahl, Nase, Mund, Ohren, Haare, Augen und Füße).

B) Die wesentlichen Körperteile benennen

Das Kind sollte die wesentlichen Körperteile benennen können (Auge, Ohr, Mund, Nase, Bauch, Hals, Arm): „Zeige mir deine Nase …" etc.

C) Bewegungsplanung

Die Erzieherin führt dem Kind verschiedene Bewegungen vor, die das Kind imitieren soll. Sie sitzt dabei vor dem Kind und bittet es, die Bewegungen nachzumachen. Dabei überkreuzen die Arme die Körpermitte, berühren dann verschiedene Körperteile der jeweils anderen Körperseite (z. B. die rechte Hand wird auf das linke Knie gelegt – die linke Hand fasst das rechte Ohr; oder: die linke Hand wird auf den Kopf gelegt – die rechte Hand fasst an das linke Ohr etc.). Eine andere Möglichkeit bietet das Pantomimenspielen (z. B. Schneeball formen und wegwerfen).

Beobachtungshinweise zu A) und C):

- Ist die „Mensch-Zeichnung" altersentsprechend oder zeichnet das Kind noch einen „Kopffüßler"?
- Kann das Kind Überkreuzbewegungen ausführen? (Die Bewegungen dürfen auch spiegelbildlich nachgemacht werden.)

Den Gesamteindruck zum Bereich Körperschema beurteilen Sie auf der 5-stufigen Einschätzskala.

9. Gestalt-Form-Auffassung: Visuelles Gedächtnis, visuelles Operieren

Die Aufgaben prüfen die Fähigkeit zum Erfassen und Wiedergeben optisch wahrgenommener Muster. Die Muster werden vor den Augen des Kindes von der Erzieherin gebaut. Dann werden sie mit einem kleinen Tuch zugedeckt, und das Kind soll die Muster aus dem Gedächtnis nachbauen.

Material: Holzstäbchen verschiedener Farben (z. B. aus dem „Packesel-Spiel"). Die Erzieherin gibt dem Kind ca. 10 Stäbchen.

Instruktion: „Schau einmal, was ich hier baue." Die Erzieherin legt mit vier Stäbchen ein Quadrat. Dann wird das Quadrat mit dem Tuch zugedeckt. „Nun leg du mit deinen Stäbchen genau das gleiche." (Die Farbe der Stäbchen muss nicht stimmen.) Die Erzieherin baut dann dem Kind jeweils die Aufgaben vor. Das Kind soll die Formen aus dem Gedächtnis nachbauen.

Aufgaben:

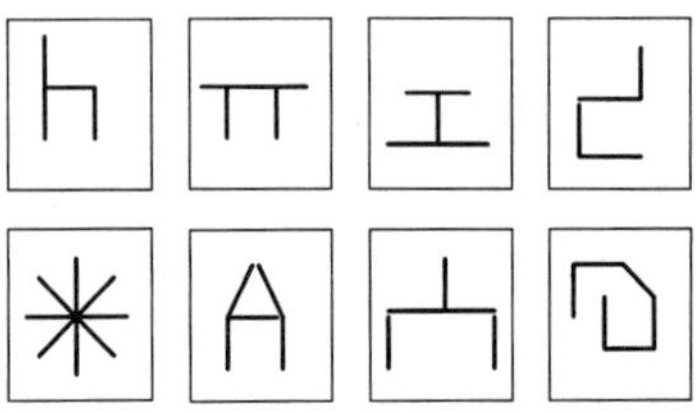

Beobachtungshinweise:

- Stimmen Form und Raumlage mit der Vorlage überein?
- Wie sicher kann das Kind die Muster aus dem Gedächtnis nachlegen?

Ergänzende Alltagsbeobachtungen:

- Verschiedene Steckspiele (z. B. Lutino)
- Gruppierung von verschiedenen Objekten (z. B. Holzpuzzles)

Den Gesamteindruck zum Bereich Formauffassung beurteilen Sie auf der 5-stufigen Einschätzskala.

10. Phonologische Bewusstheit: Lautanalyse, Lautsynthese, Silbensegmentierung, Reimpaare erkennen

Die Aufgaben prüfen die Fähigkeiten der Kinder zur sprachlichen Verarbeitung von Wörtern/Lauten.

A) Anlaute erkennen

Der Anlaut ist der erste Laut eines Wortes. Die Kinder sollen herausfinden, mit welchem Laut ein Wort beginnt.

Instruktion: „Wir machen jetzt ein Spiel. Hör gut zu."

Beispiel 1*
„Das ist ein Ohr. Am Anfang von Ohr hört man ein O (Den Anlaut deutlich übertrieben sprechen. Ooooo.), denn Ohr fängt mit O an. Sprich mal nach: Oooohr."

Beispiel 2*
„Das ist eine Ampel. Was hörst du am Anfang von Ampel?" (Aaaa wieder gedehnt sprechen.) Erzieherin hilft, falls das Kind den Anlaut nicht findet.

Aufgabe 1*
„Das ist ein … (Kind soll „Igel" benennen.) Was hörst du am Anfang von Igel?"
(Das Wort wie in der alltäglichen Sprache aussprechen; falls das Kind Schwierigkeiten hat, den Anlaut zu erkennen, kann das I etwas gedehnt gesprochen werden.)

Aufgabe 2*
„Das ist ein … (Kind: Ofen). Was hörst du am Anfang von Ofen?"

Aufgabe 3*
„Das ist ein … (Esel). Was hörst du am Anfang von Esel?"

Aufgabe 4*
„Das ist ein … (Affe). Was hörst du am Anfang von Affe?"

Aufgabe 5*
„Das ist eine … (Sonne). Was hörst du am Anfang von Sonne?"

(Hinweis: manche Kinder antworten: „So". In diesem Fall sollte Hilfestellung gegeben werden. „Das hast du gut gemacht. Achte nochmals ganz genau darauf, am Anfang von Sonne hört man ein SSS (gedehnt vorsprechen) … SSSonne. Sprich mal nach: SSSonne."

Aufgabe 6*
„Das ist ein … (Löwe). Was hörst du am Anfang von Löwe?" (Auch bei der Aufgabe wird das „L" sprachlich noch betont.)

Aufgabe 7*
„Das ist ein … (Frosch). Was hörst du am Anfang von Frosch?"

Aufgabe 8*
„Das ist eine … (Wolke). Was hörst du am Anfang von Wolke?"

Aufgabe 9*
„Das ist eine … (Maus). Was hörst du am Anfang von Maus?"

Aufgabe 10*
Das ist eine … (Nuss). Was hörst du am Anfang von Nuss?"

Aufgabe 11*
„Das ist ein … (Ball). Was hörst du am Anfang von Ball?"

Aufgabe 12*
„Das ist ein … (Pilz). Was hörst du am Anfang von Pilz?"

Aufgabe 13*
„Das ist ein … (Tisch). Was hörst du am Anfang von Tisch?"

Aufgabe 14*
„Das ist ein … (Koffer). Was hörst du am Anfang von Koffer?"

Ergänzungen zum Anlaute erkennen

Die Aufgaben zu „Anlaute erkennen" können in verschiedenen Varianten ergänzt werden, indem die Kinder

a) Bildkarten nach bestimmten Anfangslauten gruppieren. Am einfachsten können Kinder Vokale (A, E, I, O, U) lautlich analysieren. Bei Konsonanten sind einige Laute einfacher als andere.

   (1) S, F, W, L
   (2) M, N
   (3) B, D, G, K, P, T
   (4) R, H

   Die leichteren (S, F, W, L) sollten zuerst gruppiert werden. Die Erzieherin legt dem Kind Bildkarten mit verschiedenen Objekten, Gegenständen, Tieren etc. vor und das Kind soll die Karten heraussuchen, die mit einem vorgegebenen Anfangslaut beginnen (z. B. I: Igel, Insel …).

b) Verschiedene Bildkarten (z. B. aus einem Memory-Spiel) auf den Tisch legen und fragen: „Ich sehe was, was du nicht siehst, und das fängt mit A … an."

B) Silben klatschen

Die Kinder sollen den Silbenrhythmus eines vorgesprochenen Wortes erkennen.

Instruktion: „Ich sage dir ein Wort, und du sollst mit den Händen das Wort klatschen. Pass auf: Ga-bel (Erzieherin spricht das Wort mit einer kleinen Pause zwischen den Silben und klatscht dabei zweimal in die Hände). Nun sag du das Wort und klatsch dabei in die Hände."

Bei den folgenden Aufgaben sagt die Erzieherin lediglich:

„Klatsche mal …". Die Wörter werden normal gesprochen. Hat das Kind Schwierigkeiten damit, können die Silben etwas sprachlich herausgehoben werden.

(1) Kin / der
(2) Vo / gel / nest
(3) Kro / ko / dil
(4) Tin / ten / fass
(5) Li / mo / na / de
(6) Kin / der / gar / ten
(7) Po / li / zei / au / to

C) Lautsynthese: Laute zu einem Wort verbinden

Das Kind soll Silben, die lautlich etwas gedehnt vorgesprochen werden, zu einem Wort zusammenziehen.

Roboterspiel:

Instruktion: „Pass jetzt gut auf. Ich bin einmal ein Roboter. Du weißt, Roboter sprechen immer so abgehackt. Was meint er wohl, wenn er sagt: Ei-s." Falls das Kind das Wort nicht findet, hilft die Erzieherin: „Wenn der Roboter Ei-s sagt, meint er Eis. Versuchen wir es nochmal: Ei-s heißt … Eis. Von was hat er gesprochen, wenn er sagt: Sch-uh, damit meint er … (Erzieherin hilft, wenn erforderlich), also Sch-uh heißt Schuh."

Es ist wichtig, deutlich und langsam, ohne Übertreibung zu artikulieren. Zwischen den Buchstaben bzw. Wortteilen, die durch einen Bindestrich getrennt sind, wird eine kleine Pause von etwa einer halben Sekunde gemacht. Sind dem Kind beim Nachsprechen Fehler unterlaufen, wird das entsprechende Wort nochmals wiederholt und das Kind aufgefordert, es nachzusprechen. Treten auch nach der Wiederholung Nachsprechfehler auf, geht man zum nächsten Wort über.

Was meint der Roboter, wenn er sagt:

(1) S-ee	(7) Au-t-o
(2) F-isch	(8) O-m-a
(3) Sch-iff	(9) Z-u-g
(4) K-ind	(10) M-au-s
(5) T-isch	(11) B-ä-r
(6) Sch-ule	(12) N-a-s-e

D) Reimpaare erkennen

Das Kind soll Wörter daraufhin beurteilen, ob sie sich reimen.

Beispiel 1*
„Schau mal, was hier abgebildet ist. Tisch – Fisch – Hut (zeigen). Zwei der Wörter klingen ähnlich, ein Wort hört sich anders an. Tisch – Fisch klingen ähnlich, Hut klingt anders. Du sollst mir jetzt immer die Wörter zeigen (sagen), die ähnlich klingen."

Beispiel 2*
„Hund – Hase – Nase (zeigen).
Hase – Nase klingen ähnlich, Hund passt am wenigsten zu den anderen."

Aufgabe 1*
„Maus – Hand – Haus.
Welche Wörter klingen ähnlich?"
Erzieherin hilft, falls erforderlich.

Aufgabe 2*
„Kanne – Tanne – Hose.
Welche Wörter klingen ähnlich?"

Aufgabe 3*
„Haus – Glas – Gras.
Welche Wörter klingen ähnlich?"

Aufgabe 4*
„Kuh – Ball – Schuh.
Welche Wörter klingen ähnlich?"

Aufgabe 5*
„Tasche – Flasche – Topf.
Welche Wörter klingen ähnlich?"

Aufgabe 6*
„Wurst – Turm – Wurm.
Welche Wörter klingen ähnlich?"

Den Gesamteindruck zum Bereich phonologische Bewusstheit beurteilen Sie auf der 5-stufigen Einschätzskala.

11. Mengenerfassung

Benötigtes Material: 10 Holzstäbchen (oder Perlen).

Die Erzieherin legt die Holzstäbchen vor das Kind und fordert es auf: „Gib mir drei Stäbchen." Dann legt sie die Stäbchen wieder zu den anderen und fordert das Kind auf:

Aufgabe 1: „Nun gib mir fünf Stäbchen."

Beobachten: Zählt das Kind ab / nimmt es simultan fünf Stäbchen. Die Kinder sollen über einen Mengenbegriff von 5/6 verfügen.

Aufgabe 2:
Die Erzieherin behält die fünf Stäbchen in der Hand, zeigt sie dem Kind, nimmt für das Kind sichtbar noch zwei Stäbchen dazu (oder nimmt zwei Stäbchen weg). „Ich habe jetzt in meiner Hand fünf Stäbchen. Wenn ich noch zwei dazunehme (oder weglasse), wie viele habe ich dann?" (Das Kind soll die Stäbchen nicht abzählen können.)

Aufgabe 3:
Die Erzieherin legt die Stäbchen senkrecht in einer Reihe vor das Kind I I I I I I I. Sie sagt: „Ich mache hier einen Wald. Schau, das ist der erste Baum (zeigt auf das erste Stäbchen). Zeig mir den 3.; … 6.; … 4. Baum. Zeig mir den vorletzten Baum."

Aufgabe 4*
„In den Kästchen hier sind Blumen. Zeig mir das Kästchen, wo die meisten Blumen sind."

Aufgabe 5*
„Mach einen Strich bei dem Korb, in dem 5 Äpfel sind."

Aufgabe 6*
„Du darfst jetzt den Tisch decken. Schau her. Das ist der Tisch und das sind die Teller. So viele Teller hast du schon auf den Tisch gestellt (zeigen). Male jetzt die Teller, die noch fehlen, auf den Tisch."

Aufgabe 7*
„Die Kinder bekommen alle einen Ball. Male mit dem Bleistift in das Kästchen so viele Bälle, dass jedes Kind *einen* Ball bekommt."

Ergänzende Alltagsbeobachtungen: Die Fähigkeiten zur Mengenerfassung lassen sich anhand vielfältiger Alltagsbeobachtungen ergänzen, z. B. bei Würfelspielen wie „Mensch ärgere dich nicht", bei Abzählspielen.

Die Fähigkeiten des Kindes im Bereich der Mengenerfassung beurteilen Sie auf der 5-stufigen Einschätzskala.

12. Phonematische Diskriminationsfähigkeit, Lautdifferenzierung

Die Aufgaben prüfen die Fähigkeit des Kindes, feine Lautnuancen von ähnlich klingenden Wörtern zu unterscheiden. Die folgenden Wortpaare werden dem Kind langsam vorgesprochen. Das Kind soll dann sagen, ob sich die Wörter „gleich" oder „anders" anhören. Die Erzieherin muss sich vor Beginn der Überprüfung davon überzeugen, dass das Kind die Begriffe „gleich" und „anders" beherrscht.

Instruktion:

„Hör gut zu. Wenn ich sage *Kind – Kind,* dann hört sich das gleich an.

Wenn ich sage *Keller – Teller,* dann hört sich das anders an. Ich sage dir jetzt immer zwei Wörter, und du sagst mir, ob die beiden Wörter gleich klingen oder anders.

Wenn ich sage *Kopf – Topf,* hört sich das gleich oder anders an?"

Aufgabe:

(1)	Ofen	–	Ofen
(2)	Hose	–	Dose
(3)	Tier	–	Tier
(4)	Kanne	–	Tanne
(5)	Nagel	–	Nadel
(6)	Bären	–	Beeren
(7)	Auto	–	Auto
(8)	Kirche	–	Kirsche
(9)	Tasche	–	Tasse
(10)	Eule	–	Eule
(11)	Bruder	–	Puder
(12)	Knopf	–	Kopf
(13)	Glas	–	Gras

Bewertung: Richtig unterschiedene Wortpaare werden mit „+", falsche mit „–" auf dem Einschätzbogen notiert.

13. Optische Differenzierungsfähigkeit, visuelle Aufmerksamkeitsspanne

Die Aufgaben prüfen die Fähigkeit des Kindes, die Raumlage von Gegenständen/Dingen zu erkennen und feine Unterschiede zwischen einander ähnlich aussehenden optischen Gebilden zu erkennen.

Bewertung: Jede richtige Lösung wird mit „+", jede Falschlösung mit „–" auf dem Einschätzbogen notiert.

Aufgabe 1*
Instruktion: „Schau auf diese Reihe. Hier sind lauter Kaffeekannen. Die meisten Kaffeekannen sehen gleich aus. Nur eine Kaffeekanne sieht anders aus. Zeig mir die Kaffeekanne, die anders aussieht."

Aufgaben 2 – 4* dieselbe Anweisung: „Schau her, hier sind Birnen, Kasperle, Vögel."

Aufgabe 5*
Die Kinder müssen ***nicht*** lesen können. „Schau, das sind Wörter. Die meisten Wörter sehen gleich aus. Nur ein Wort sieht anders aus. Finde es!"

Aufgabe 6*
„Schau diese Reihe mit Blumen an. Zeig mit dem Finger auf die Blume im Kasten und such dann die Blume aus, die genauso aussieht wie die im Kasten. Wenn du sie gefunden hast, zeige mit dem Finger drauf."

Aufgaben 7 – 11* dieselbe Anweisung

Aufgaben 12 – 15*
Die Kinder müssen die Wörter ***nicht*** lesen können. „Schau, da sind wieder viele Wörter. Zeig auf das Wort vorne im Kasten. Suche das Wort, das genauso aussieht wie vorn im Kasten. Wenn du es gefunden hast, zeige es mir.

Ergänzende Alltagsbeobachtungen: Spiele wie Differix, Schau genau.

Den Gesamteindruck zum Bereich optische Differenzierungsfähigkeit beurteilen Sie auf der 5-stufigen Einschätzskala.

14. Visuelle Figur-Grund-Erfassung

Die Aufgaben prüfen die Fähigkeit der Wahrnehmung von Figuren auf zunehmend komplexerem Grund.
Das Kind bekommt verschiedenfarbige dünne Filzstifte.

Beispiel*
Instruktion: „Hier ist ein neues Spiel. Schau, hier ist ein Schirm und ein Glas (Erzieherin zeigt auf die beiden Demonstrationsfiguren). Du sollst jetzt mit deinem Stift den Schirm umreißen (umfahren). Versuche den Stift so dicht an der Linie zu halten und ihn nicht vom Blatt abzuheben." (Falls das Kind Schwierigkeiten hat, zeigt die Erzieherin dem Kind, wie man den Schirm umreißt.)

„Nimm jetzt einen anderen Stift und umfahre damit das Glas." …

„Und jetzt schau hierher (auf Beispielaufgabe zeigen): Hier sind der Schirm und das Glas ineinandergerutscht. Nimm einen Stift und umfahre damit den Schirm. Versuche den Stift dicht an der Linie zu halten und ihn nicht vom Blatt abzuheben. Nimm dir dann einen anderen Stift und umfahre das Glas, so dass man Schirm und Glas gut voneinander unterscheiden kann."

Hinweise auf Fehler bei der Umreißung der Figuren sollen nicht gegeben werden.

Aufgabe 1*
„Schau her, hier sind drei Früchte ineinandergerutscht. Nimm deine Stifte und umfahre die einzelnen Früchte immer mit einer anderen Farbe."

Aufgaben 2 und 3*
„Was ist hier ineinandergerutscht?" (Kind erzählen lassen, was es erkennt). „Umfahre mit deinen Stiften alle Dinge, die du erkennst. Nimm für jedes dabei eine andere Farbe."

Bewertung: Die Aufgaben erfordern vom Kind, Figuren, die sich mit anderen Figuren überschneiden, unterscheiden zu können. Die Aufgabe wird mit „+" bewertet, wenn das Kind die betreffenden Figuren deutlich und ohne größere Unterbrechung umfährt (die Genauigkeit des Umrisses bleibt unberücksichtigt). Die Aufgabe wird mit „–" bewertet, wenn das Kind bei der Umreißung der Figuren in eine andere Figur abweicht, ohne den Fehler zu bemerken.

Den Gesamteindruck zum Bereich visuelle Figur-Grund-Erfassung beurteilen Sie auf der 5-stufigen Einschätzskala.

15. Lautbildungsfähigkeit

Die Aufgaben prüfen die Fähigkeit des Kindes, inwieweit es in der Lage ist, Laute und Lautverbindungen (Lippen-, Zungen-, Zahn-, Gaumenlaute) richtig zu artikulieren. Die Überprüfung der Artikulationsfähigkeit kann durch zwei Verfahren durchgeführt werden:

1. Das Kind spricht Prüfsätze nach, die von der Erzieherin umgangssprachlich normal vorgesprochen werden. Eine besondere Betonung darf nicht erfolgen. Die Sätze werden dem Kind einmal ganz vorgesprochen. Zum Nachsprechen werden sie zerlegt in einzelne Wörter oder Wortgruppen.

   Instruktion: „Hör gut zu und sprich mir dann nach."

   (1) Hänsel und Gretel sind schnell aus dem Hexenhaus geflohen.
   (2) Zwei kleine Jungen lassen vergnügt einen blauen Drachen steigen.
   (3) Das schwere Auto auf der Straße macht großen Krach.
   (4) Der Knabe trank aus einer Quelle frisches Wasser.

   Auf die unterschiedlichen Laute und Lautverbindungen ist besonders zu achten.

2. Die Artikulation der Lippen-, Zungen-, Zahn- und Gaumenlaute kann durch die Bilder* (s. S. 15), die das Kind benennt, überprüft werden. Die Erzieherin zeigt auf jedes Bild und fordert das Kind auf, den jeweiligen Gegenstand zu benennen.

Ergänzende Alltagsbeobachtungen: In der Spontansprache des Kindes beim Erzählen werden Lautbildungsschwierigkeiten hörbar, die häufig auf auditiv-kinästhetischen Integrationsstörungen beruhen.

Den Gesamteindruck zum Bereich Lautbildungsfähigkeit beurteilen Sie bitte auf der 5-stufigen Einschätzskala.

16. Visuelles Gedächtnis, Symbolfolgegedächtnis

Die Aufgaben prüfen die Fähigkeit des Kindes, visuell präsentierte Strukturen bzw. Sequenzen wahrzunehmen, zu speichern und zu reproduzieren. Das Kind zeichnet einfache geometrische Formen aus dem Gedächtnis nach.

Vorbereitung: 6 Blätter in DIN-A5-Format bereitlegen.

Instruktion: „Ich möchte gerne sehen, wie gut du dir etwas merken kannst. Ich zeige dir jetzt ein Bild. Schau es dir gut an, denn nachher sollst du malen, was du gesehen hast.

Aufgabe 1*
Jetzt schau dir mal dieses Bild (1) an." (Erzieherin lässt dem Kind etwa 10 Sekunden Zeit, um sich das Bild anzuschauen. Die anderen Bilder sind zugedeckt.)
Nach ca. 10 Sekunden: „Nun male auf das Blatt, was du gesehen hast." (Erzieherin gibt dem Kind ein Blatt.)

Aufgaben 2–6* gleiche Instruktion wie bei Aufgabe 1

Falls das Kind Schwierigkeiten hat, kann es die jeweilige Figur mit einem Stift umfahren. Dann wird die Figur zugedeckt, und das Kind soll die Figur aus dem Gedächtnis auf das Blatt malen).

Ergänzung: Die Erzieherin stellt eine Reihe von drei verschiedenfarbigen Holzklötzchen auf. Das Kind soll die Farben der Reihe nach benennen. Dann werden die Holzklötzchen mit einem Tuch zugedeckt, und das Kind soll die Reihenfolge aus dem Gedächtnis nachlegen.

Bewertung: Die Aufgabe wird mit „+" bewertet, wenn die Form reproduziert wurde. Kleinere Abweichungen oder Größenunterschiede werden nicht berücksichtigt.

Der Gesamteindruck zum Bereich visuelles Gedächtnis beurteilen Sie auf der 5-stufigen Einschätzskala.

17. Sprachgedächtnis, auditive Merkfähigkeit

Die Aufgaben prüfen die Fähigkeit, aus einer kleinen vorgelesenen Geschichte den Inhalt zu erfassen und die wesentlichen Hauptgedanken in einem logischen Zusammenhang nachzuerzählen.

Aufgabe:

Die Erzieherin liest dem Kind eine kleine Geschichte in normaler Umgangssprache vor.

Instruktion: „Ich erzähle dir jetzt eine Geschichte. Gib gut Acht und erzähle mir nachher alles, was du noch weißt."

1. „Ein Junge und ein Mädchen spielen mit einem roten Ball. Da rollt der Ball auf die Straße. Der Junge rennt hinter dem Ball her. Da kommt ein Auto angefahren. Zum Glück kann es noch vor dem Jungen anhalten. Weinend läuft der Junge zu seiner Mutter nach Hause."
2. „Ich bin ein großer Junge (großes Mädchen). Bald werde ich zur Schule gehen. In der Schule lernen alle Kinder Schreiben, Rechnen und Lesen. Am ersten Schultag bekommt jedes Kind eine große Schultüte."

Bewertung: Die Aufgabe wird mit „+" bewertet, wenn das Kind 3–4 Hauptgedanken der Geschichte erfasst und wiedergeben kann.

Ergänzende Alltagsbeobachtungen: Kleinere Geschichten vorlesen, die Kinder nacherzählen lassen, Fragen zum Inhalt der Geschichte stellen. Dabei ist aber darauf zu achten, dass die Geschichte auch die Kinder emotional anspricht.

Den Gesamteindruck zum Bereich Sprachgedächtnis beurteilen Sie auf der 5-stufigen Einschätzskala.

18. Handlungsplanung, Sequenzgedächtnis, Sprachverständnis

Es wird die Fähigkeit geprüft, die Struktur von Gesprochenem zu verstehen und sie in Handlungen umzusetzen. Dazu soll das Kind in der Lage sein, 2–3 miteinander verknüpfte Handlungsaufträge durchzuführen. Die Auf-

Lippenlaute: B-Bl-P-F

Ball	Blume	Pilz	Fisch

pf-M-mm-W

Apfel	Maus	Hammer	Wurst

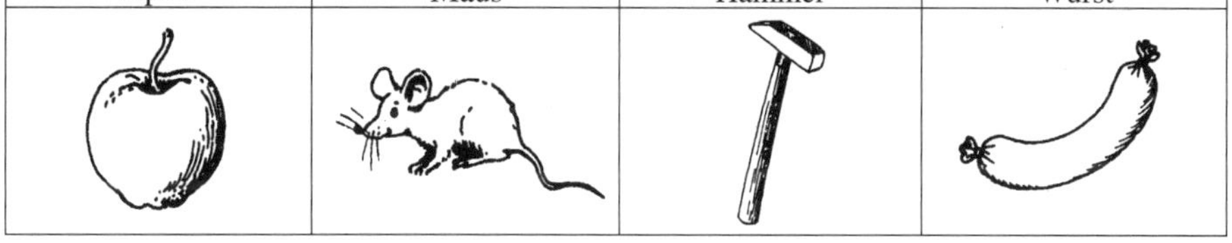

Zungen-Zahnlaute: T-tt-D-Dr

Topf	Bett	Dach	Drachen

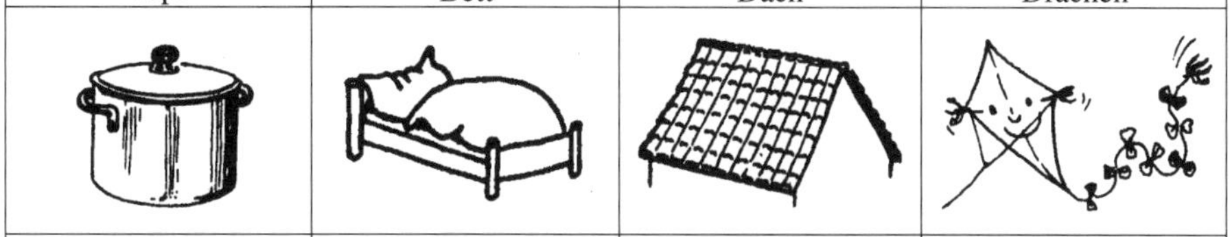

L-ll-N-nn

Leiter	Teller	Nest	Tanne

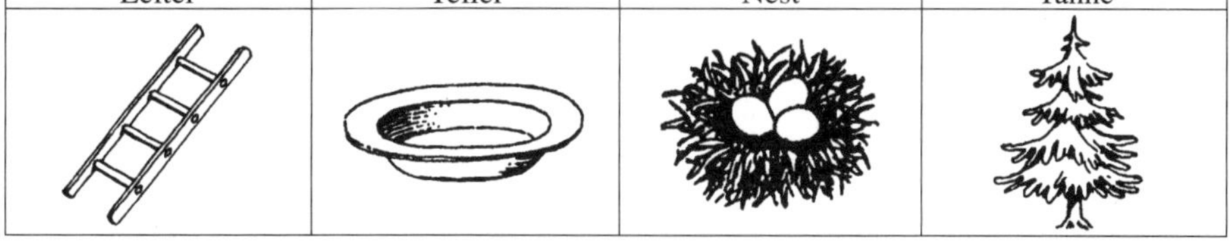

S-s-ss-s

Sonne	Hase	Tasse	Bus

Sch-Schm-Schw-sch

Schlange	Schmetterling	Schwanz	Frosch

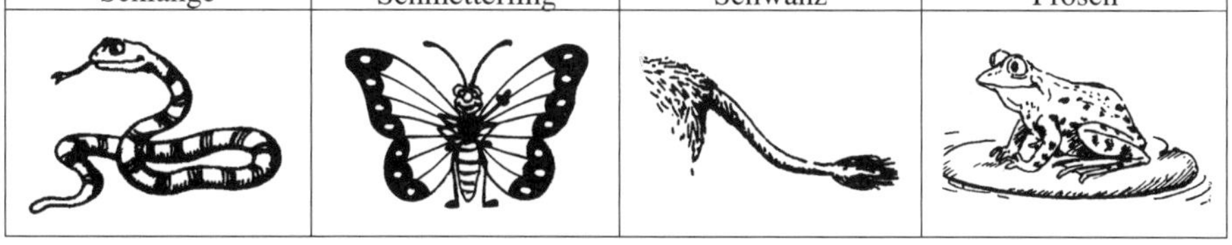

Gaumenlaute: H-G-K-Kl

Hand	Giraffe	Krokodil	Kleid

Kn-Ki-Kr-R

Knochen	Kiste	Krug	Ring

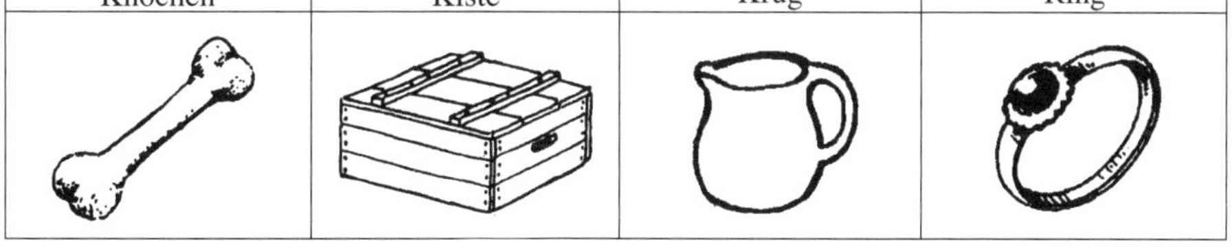

träge können je nach örtlichen Gegebenheiten gestaltet werden. Die Aufträge sollen nur einmal gegeben werden. Dabei ist aber in jedem Fall darauf zu achten, dass das Kind die Aufträge auch akustisch versteht (Lärmpegel beachten). Bei den drei Aufträgen sollen diese in einer Abmarschlinie liegen, so dass das Kind nicht für die Ausführung des zweiten Auftrages am dritten vorbeigehen muss. Es ist darauf zu achten, ob das Kind die Reihenfolge der Aufträge einhält. Vor der Durchführung legt man die Arbeitsmaterialien (Puppe, kleiner Ball, Buch, Schlüssel) bereit bzw. legt sie auf die dafür bestimmten Plätze.

Instruktion:

„Gib Acht, du sollst mir jetzt etwas besorgen. Leg den kleinen Ball vor die Puppe und hol mir das Buch, das dort auf dem Tisch liegt." (Zwei Aufträge)

„Hol die Puppe auf dem Tisch und setze sie in den Stuhl dort. Dann bring mir den Schlüssel, der auf dem Tisch liegt." (Drei Aufträge)

Oder: „Nimm das Spielauto und stelle es ins Regal, dann hole mir den Kamm, der dort auf dem Tisch liegt, und lege ihn unter das Deckchen hier."

Bewertung: Die Aufgabe wird mit „+" bewertet, wenn das Kind die Reihenfolge der Aufträge einhält.

Den Gesamteindruck zum Bereich Handlungsplanung beurteilen Sie auf der 5-stufigen Einschätzskala.

19. Visuelles Operieren (Reihenbildung, Größenzuordnung, Erhaltung der Zahl)

Die Aufgaben prüfen die Fähigkeit, verschiedene Objekte der Größe nach zu ordnen bzw. Größenbeziehungen herzustellen, sowie zur Zahlerhaltung.

Den Gesamteindruck zum Bereich visuelles Operieren beurteilen Sie auf der 5-stufigen Einschätzskala.

Aufgabe 1*
Instruktion: „Mit diesen Klötzen kann man solch eine Treppe bauen. Du siehst, es geht immer ein Stückchen höher. Die Treppe ist aber noch nicht ganz fertig, hier (auf leere Stelle zeigen) fehlt noch ein Klotz. Welcher von diesen Klötzen (untere Reihe umfahren) gehört dahin?" (Auf oberes Treppenmuster zeigen.)

Aufgabe 2*
Instruktion: „Mit diesen Klötzen (untere Reihe umfahren) kann man diese Treppe (auf obere Reihe zeigen) noch viel weiter bauen. Welcher Klotz kommt dahin (auf 4. Stelle zeigen)? – Welcher Klotz kommt dann? – Und dann? Gib Acht, dass die Treppe immer ein Stückchen höher wird."

Aufgabe 3*
Instruktion: „Diese Kreise sollst du der Größe nach ordnen. Fang mit dem kleinsten Kreis an. Welcher Kreis kommt zuerst? – Welcher Kreis kommt dann? – Und dann?" usw.

Aufgabe 4*
Instruktion: „Hier sind Schneemänner. Sie werden von hier nach hier (zeigen) immer ein Stückchen größer. Hier sind Spazierstöcke. Sie werden auch immer ein Stückchen größer (zeigen). Es sind genauso viele Spazierstöcke da wie Schneemänner. Kleine Scheemänner brauchen kleine Spazierstöcke und große Schneemänner brauchen große Spazierstöcke. – Welcher Spazierstock gehört zu diesem Schneemann?" (Erzieherin zeigt auf den zweitkleinsten Schneemann.)

Aufgabe 5*
„Welcher Spazierstock gehört zu diesem Schneemann?" (Erzieherin zeigt auf den mittleren Schneemann.)

Aufgabe 6*
Instruktion: „Hier sind Clowns. Sie werden von hier nach hier (zeigen) immer ein Stückchen größer. Und hier sind die Hüte der Clowns. Sie werden von hier nach hier (zeigen) immer ein Stückchen größer. Große Clowns bekommen große Hüte und kleine Clowns bekommen kleine Hüte. – Welcher Hut gehört zu diesem Clown?" (Erzieherin zeigt auf den zweitgrößten Clown.)

Aufgabe 7*
„Welcher Clown gehört zu diesem Hut?" (Erzieherin zeigt auf den zweitkleinsten Hut.)

Aufgabe 8*
Instruktion: „Hier sind verschieden große Vasen, und hier sind verschieden große Blumen. Es sind genauso viele Blumen da wie Vasen. Zu jeder Vase gehört eine Blume, und zu jeder Blume gehört eine Vase. Kleine Blumen kommen in eine kleine Vase, große Blumen in große Vasen. – Welche Blume gehört in diese Vase?" (Erzieherin zeigt auf die kleinste Vase.)

Aufgabe 9*
„Welche Blume gehört in diese Vase?" (Erzieherin zeigt auf die erste Vase.)

Die Aufgaben 10–12 zur Zahlerhaltung prüfen, ob das Kind erkennt, dass die zahlenmäßige Gleichheit zwischen zwei Mengen erhalten bleibt, auch wenn die Anordnung räumlich verändert wird.

Aufgabe 10*
Instruktion: „Schau! Jeder Hase hat einen Besen in der Hand (zeigen). Es sind also genauso viele Hasen wie Besen, stimmts? Und nun schau hierher. Hier haben die Hasen ihre Besen auf einen Haufen (zeigen) gelegt. Sind hier noch genauso viele Besen da wie Hasen oder sind es mehr Hasen?"

Aufgabe 11*
Instruktion: „Schau hierher. Vor diesen Vasen ist jedesmal eine Blume (zeigen). Es sind also gleichviel Blumen wie Vasen. Und nun schau hierher. Hier sind die Blumen ein wenig auseinandergeschoben worden (zeigen). Sind hier jetzt mehr Blumen – oder sind es genauso viele Blumen wie Vasen?"

Aufgabe 12*
Instruktion: „Schau hierher. Vor diesen Tellern liegt jedesmal ein Löffel (zeigen). Vor diesem Teller (zeigen) liegt aber *kein* Löffel (betonen). Es sind also 4 Teller und 3 Löffel. Und nun schau hierher. Hier sind die Löffel ein wenig auseinandergeschoben worden (zeigen). Sind jetzt hier genauso viele Löffel wie Teller oder sind es mehr Teller als Löffel?"

Bildteil für die Hand des Kindes

Befinden sich mehrere Aufgaben auf einer Seite, so empfiehlt es sich, die gerade nicht gefragten Teile der Seite mit einem Blatt abzudecken.

KHB

[3. A: Blatt zum Ergänzen]

[3. B1:]

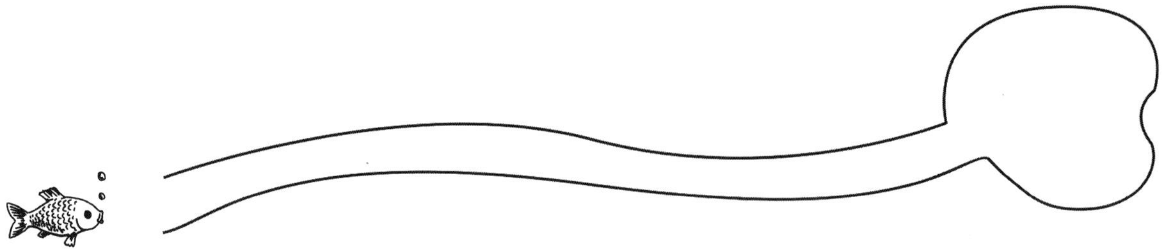

[3. B2:]

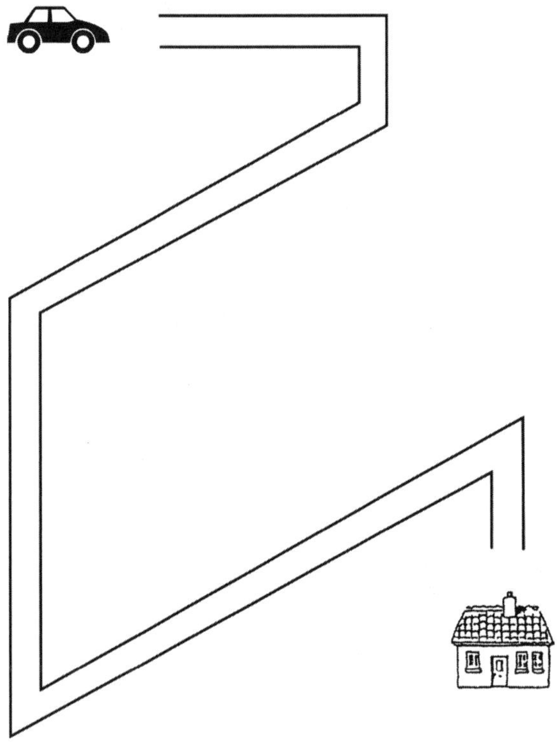

[3. B3:]

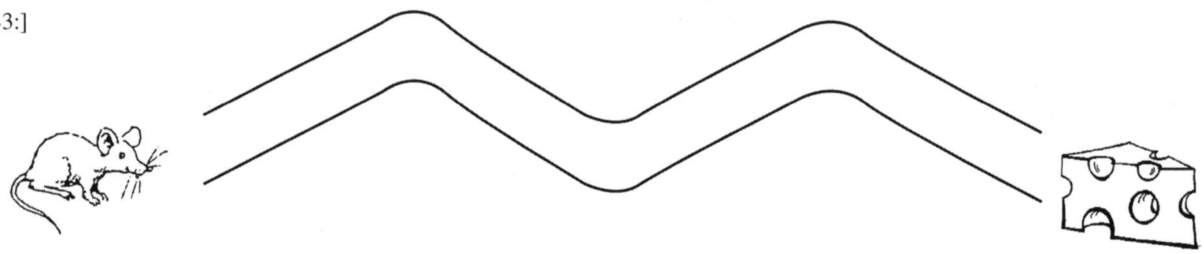

[3. B4:]

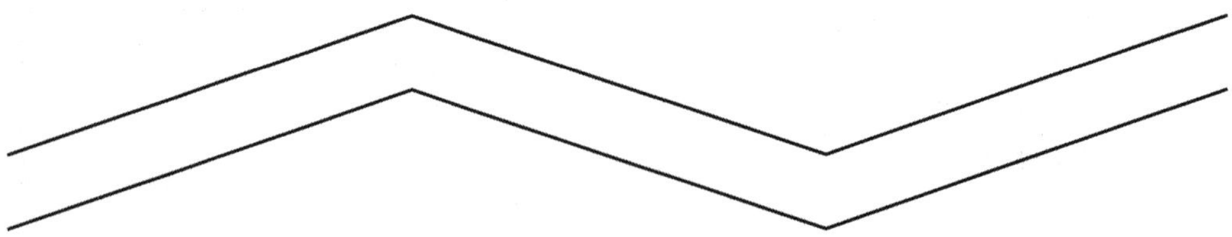

[3. B5:]

[3. B6:]

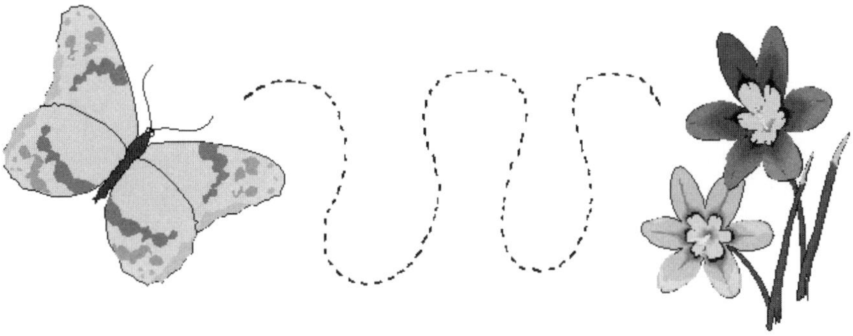

[3. B7:]

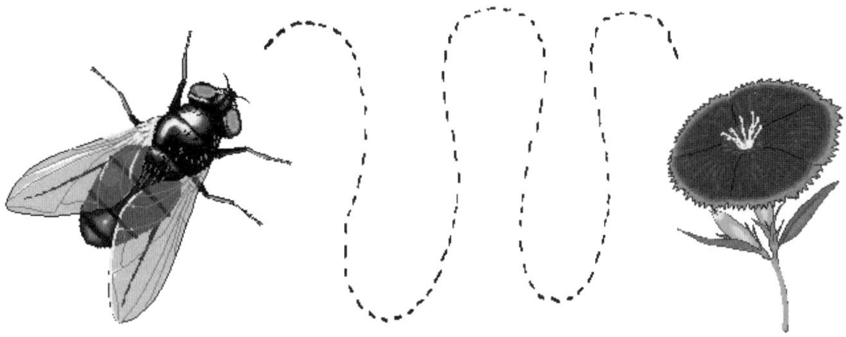

[3. B8:]

[3. B9:]

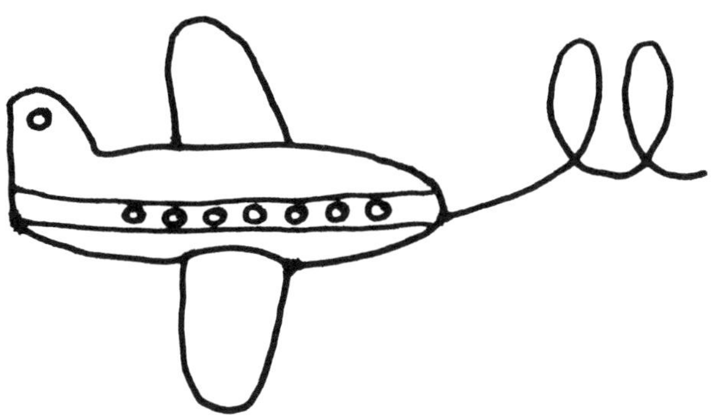

[3. B10:]

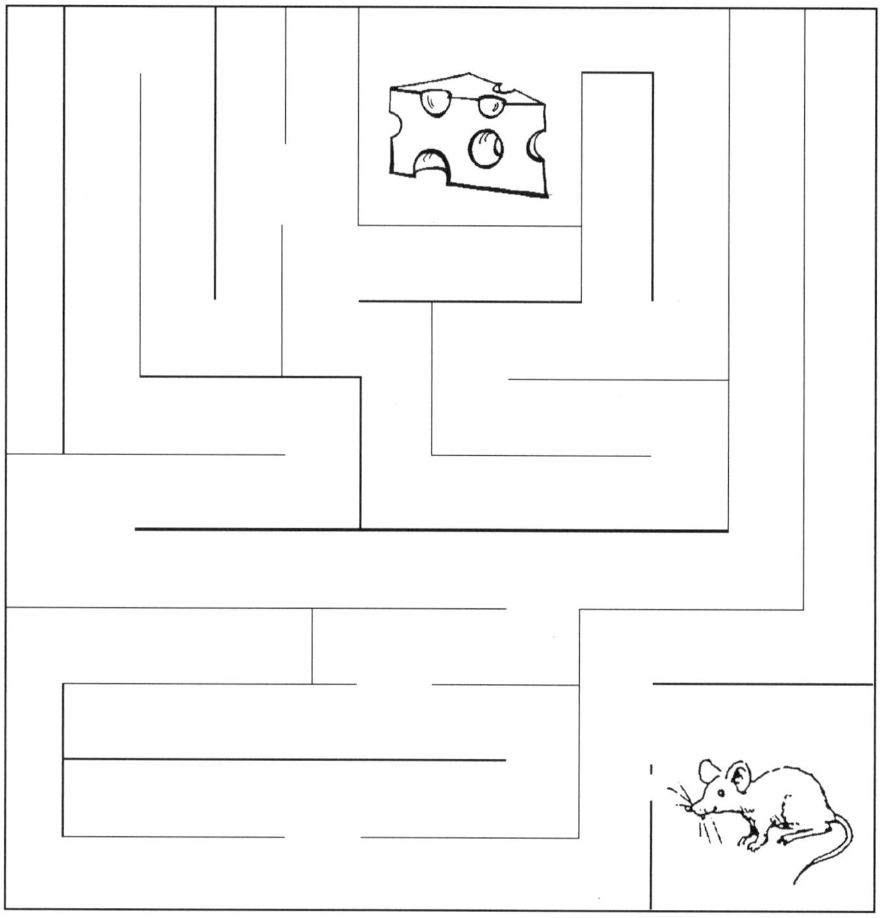

[4. C:]

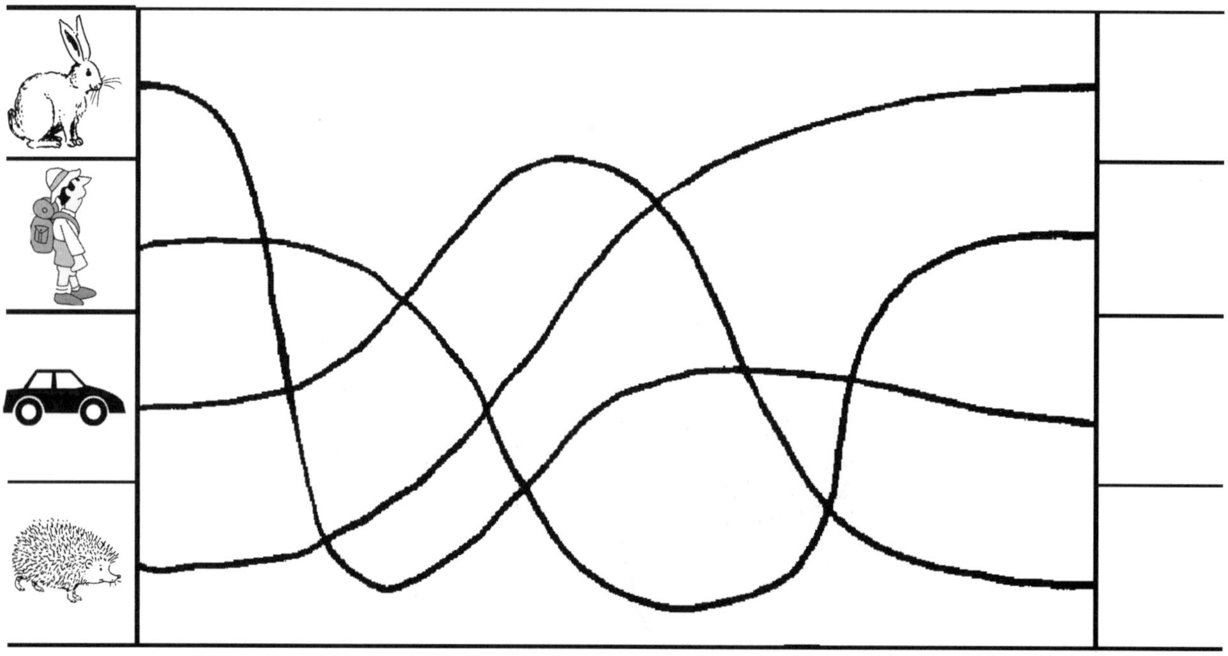

[10. A: Beispiele]

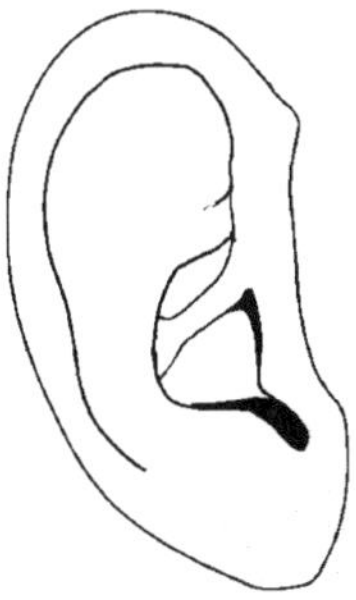

[10. A1:]

[10. A2:]

[10. A3:]

[10. A4:]

[10. A5:]

[10. A6:]

[10. A7:]

[10. A8:]

[10. A9:]

[10. A10:]

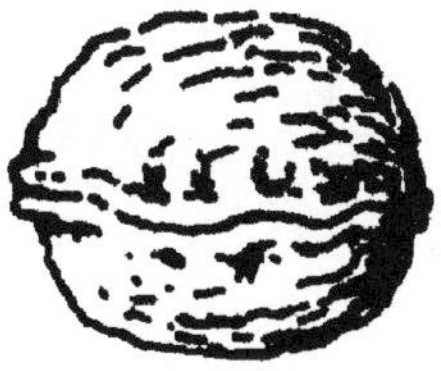

[10. A11:]

[10. A12:]

[10. A13:]

[10. A14:]

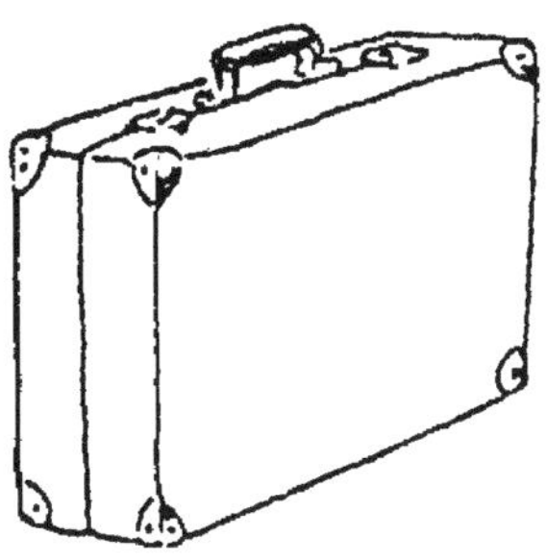

[10. D: Beispiele:]

[10. D1:]

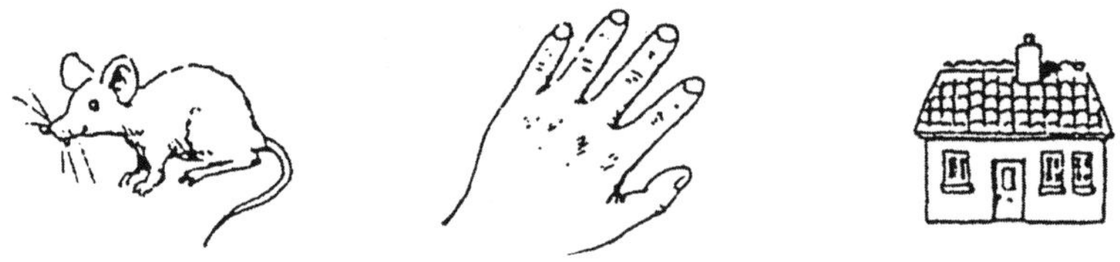

[10. D2:]

[10. D3:]

[10. D4:]

[10. D5:]

[10. D6:]

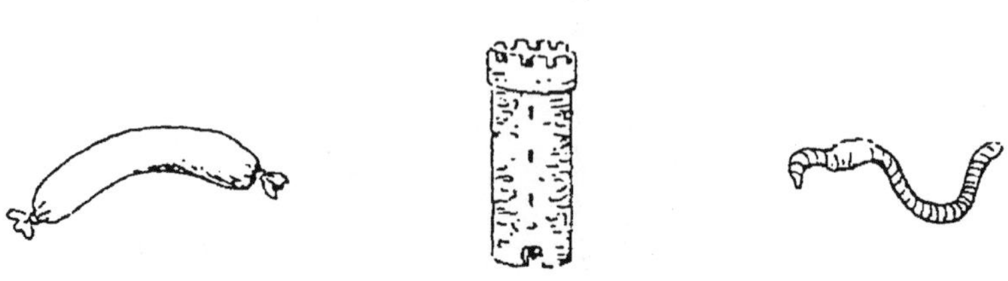

[11. 4:]

[11. 5:]

[11. 6:]

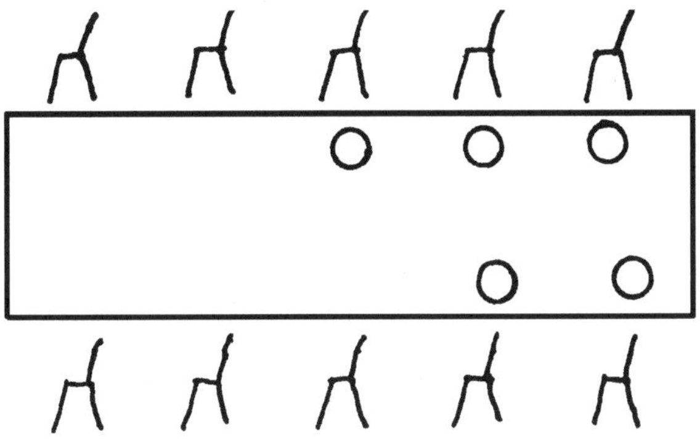

[11. 7:]

[13. 1:]

[13. 2:]

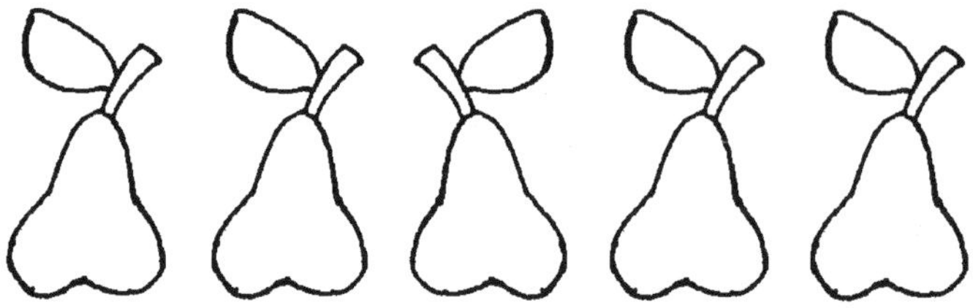

[13. 3:]

[13. 4:]

[13. 5:]

ROSE ROSE ROSE DOSE ROSE

TANNE TONNE TANNE TANNE TANNE

[13. 6:]

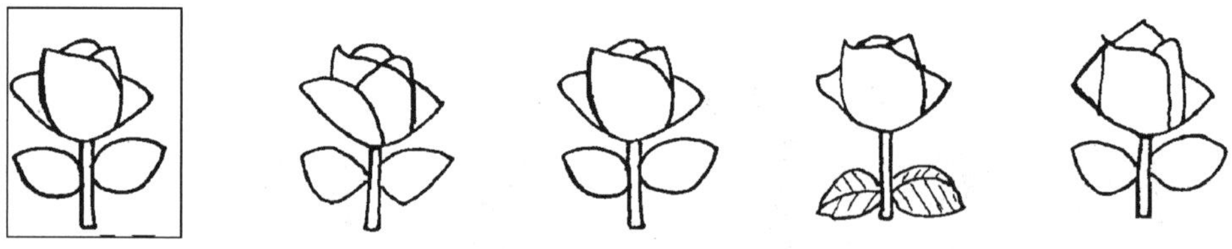

[13. 7:]

[13. 8:] 

[13. 9:] 

[13. 10:] 

[13. 11:] 

[13. 12:] Hase Bahn Hose Zelt Hase

[13. 13:] Maus Messer Haus Maus Hund

[13. 14:] Hahn Bahn Huhn Hahn Rahn

[13. 15:] Mohn Moos Mohn Mehr Rohr

Bis zur 7. Auflage stand auf dieser Seite "Mohr" statt "Moos". Dies wurde in der 8. Auflage geändert. Diese Seite gibt es zum Download für alte Auflagen des Testbogens unter www.reinhardt-verlag.de

[14: Beispiel]

[14. 1:]

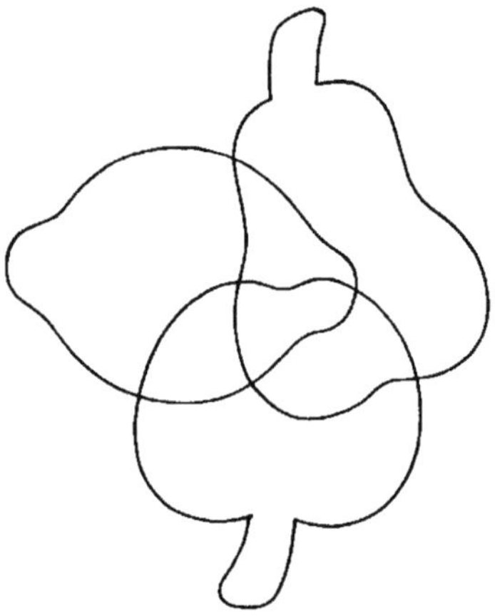

[14. 2:]

[14. 3:]

[15. 2:]

[16. (1):]

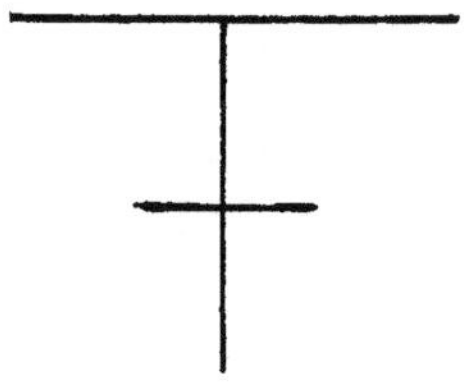

[16. (2):]

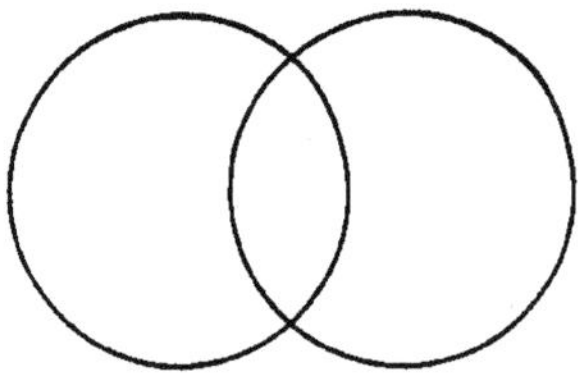

[16. (3):]

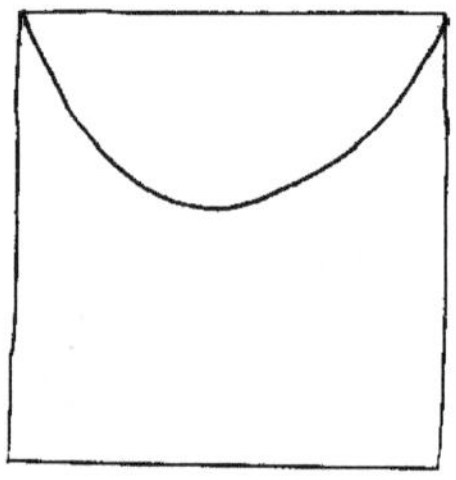

[16. (4):]

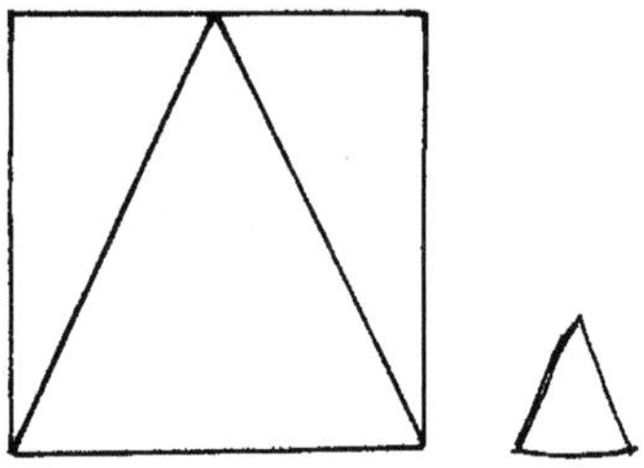

[16. (5):]

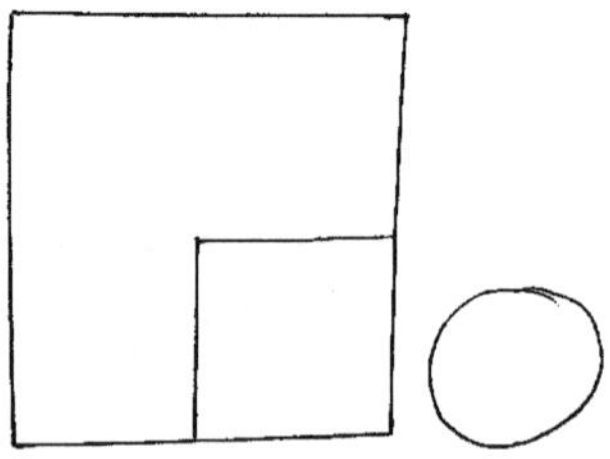

[16. (6):]

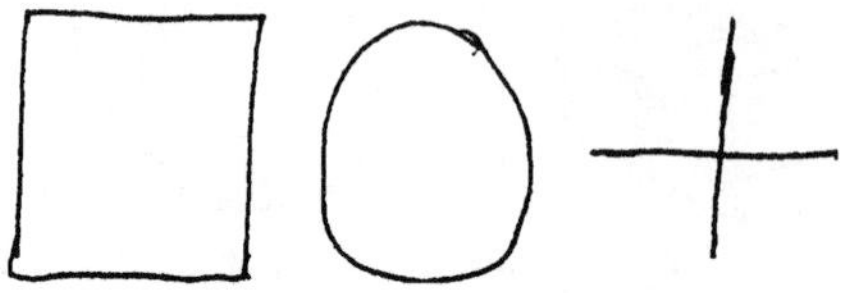

[19. 1:]

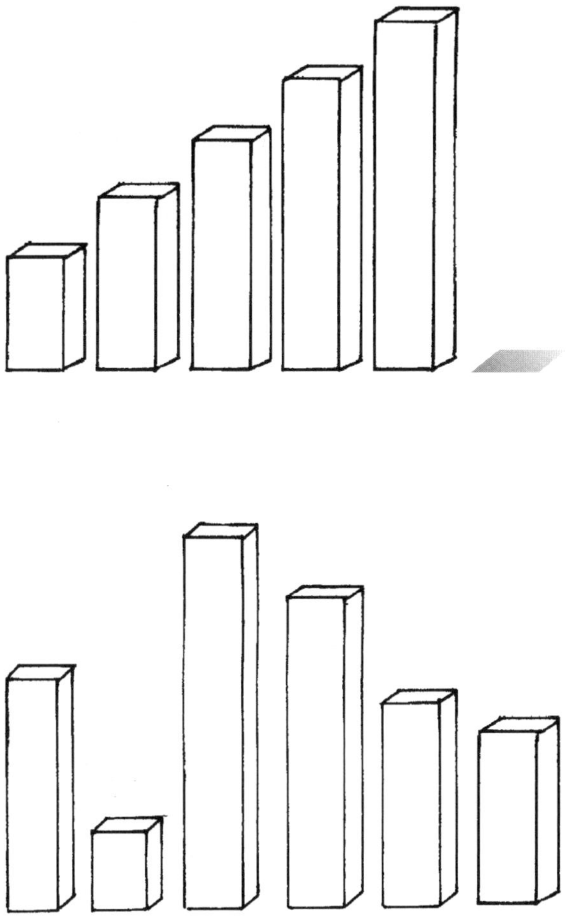

[19. 2:]

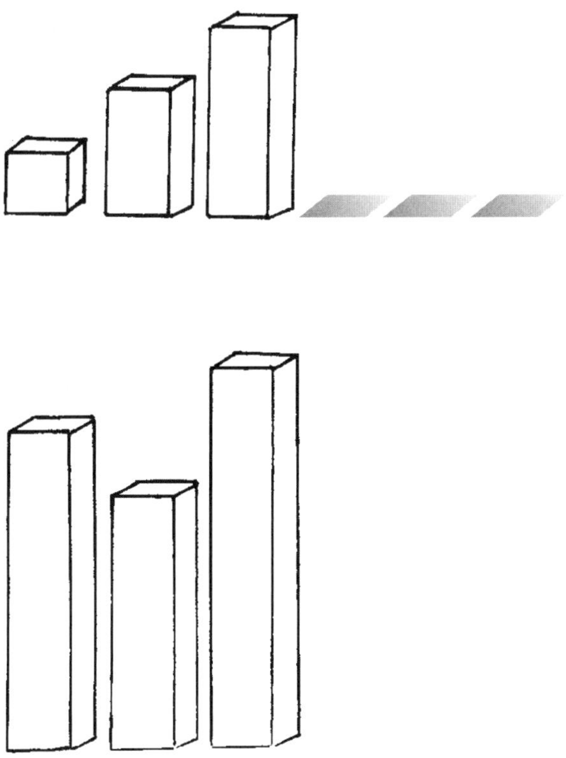

[19. 3:]

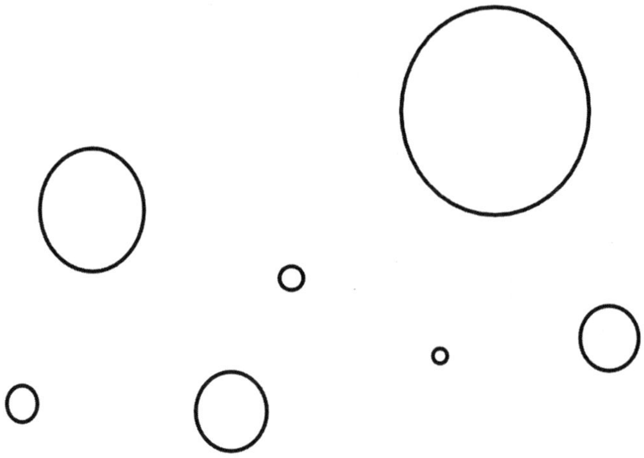

[19. 4+5:]

[19. 6+7:]

[19. 8+9:]

[19. 10:]

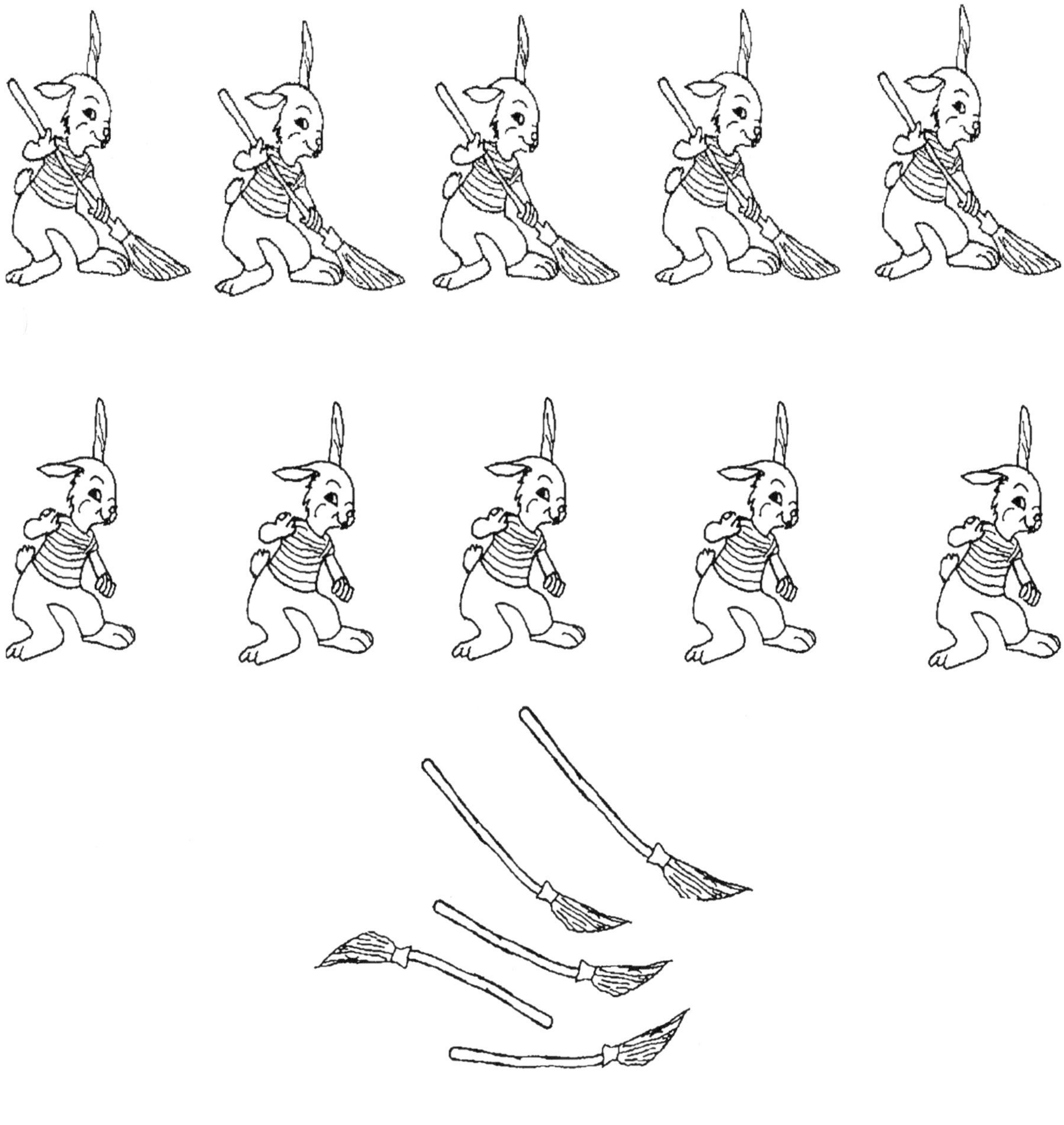

[19. 11:]

[19. 12:]

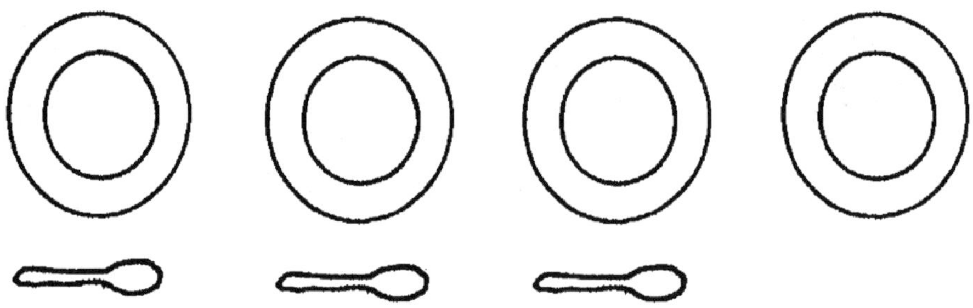

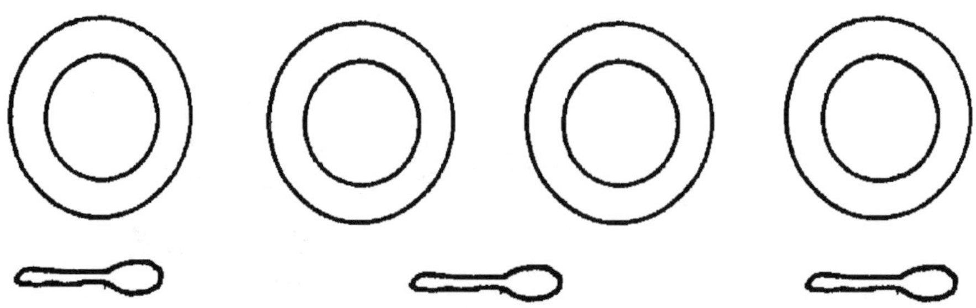

Auswertungs- und Einschätzbogen

Name: ____________________ Vorname: ____________________________ geb. am: ______________

Geschlecht m/w ______ Alter: ____________ (Jahre, Monate)

DES durchgeführt am: _____________________ von ____

Kindergarten: _____________________________ aufnehmende Schule: ____________________________

Zusammenfassende Einschätzung: ____

Wie schätzen Sie die Schulfähigkeit des Kindes bzw. seinen Entwicklungsstand ein?

☐ ohne Bedenken schulfähig ☐ schulfähig mit leichten Bedenken ☐ fraglich schulfähig ☐ nicht schulfähig

☐ Entwicklungsvorsprung des Kindes ☐ altersentsprechender Entwicklungsstand ☐ leichte/mittelgradige Entwicklungsverzögerung ☐ starke Entwicklungsverzögerung

Anmerkungen / Beobachtungen:

Jede richtige bzw. erfolgreich durchgeführte Aufgabe wird mit „+“, eine nicht erfolgreich gelöste Aufgabe mit „–“ in die entsprechende Spalte dieses Auswertungsbogens eingetragen. Nach der Durchführung aller Aufgaben eines Entwicklungsbereichs beurteilen Sie die Fähigkeiten des Kindes in diesem Bereich anhand einer 5-stufigen Skala. Dazu können Sie auch Ihre bisherigen Eindrücke und Erfahrungen mit dem Kind berücksichtigen. Die „Beobachtungshinweise“ im Aufgabenheft bzw. Auswertungsbogen sollen bei der Einschätzung des jeweiligen Entwicklungsbereichs helfen.

1. Lateralität (Händigkeit), Präferenzdominanz

Das Kind bevorzugt bei der Durchführung verschiedener Tätigkeiten spontan

☐ die rechte Hand ☐ die linke Hand ☐ wechselseitig rechte/linke Hand

Beobachtungen:

2. Grobmotorik: Gleichgewichtswahrnehmung, Körperkoordination

Aufgaben:				
	A) Einbeinstand links/rechts:	unauffällig ☐	auffällig ☐	uneindeutig ☐
	B) Balancieren über Balken:	unauffällig ☐	auffällig ☐	uneindeutig ☐
	C) Seiltänzergang:	unauffällig ☐	auffällig ☐	uneindeutig ☐
	D) Einbeinhüpfen:	unauffällig ☐	auffällig ☐	uneindeutig ☐
	E) seitliches Hin- u. Herspringen:	unauffällig ☐	auffällig ☐	uneindeutig ☐
	F) Balancieren im Scherenschritt:	unauffällig ☐	auffällig ☐	uneindeutig ☐

Im Bereich der Grobmotorik, Körperkoordination (Gleichgewicht) sind die Fähigkeiten des Kindes

☐ sehr ausgeprägt (ausgesprochen gute Fähigkeiten)	☐ ausgeprägt (keine gravierenden Auffälligkeiten)	☐ teils/teils (leichte Auffälligkeiten)	☐ beeinträchtigt (stärkere Auffälligkeiten)	☐ stark beeinträchtigt (starke Auffälligkeiten)

Beobachtungen zu Auffälligkeiten:

☐ Das Kind steht nur kurz auf einem Bein (ca. ☐ Sek.).
☐ Es muss starke Ausgleichsbewegungen machen.
☐ Es bestehen deutliche Unterschiede zwischen rechtem/linkem Bein.
☐ Auffälligkeiten beim Hüpfen (nicht federnd, plump, auf ganzem Fuß, Hände gefaustet, wird schnell müde, verliert Gleichgewicht, sucht Halt).
☐ Beim Seiltänzergang: Übertritt häufig, verliert Gleichgewicht, ist unsicher.

Weitere Beobachtungen:

3. Feinmotorik: Finger- und Handgeschicklichkeit, visuo-motorische Koordination, Graphomotorik

Aufgabe A: Malvorlage: unauffällig ☐ auffällig ☐

Aufgabe B: (+, –)

1	2	3	4	5	6	7	8	9	10

Im Bereich der Feinmotorik sind die Fähigkeiten des Kindes

☐ sehr ausgeprägt (ausgesprochen gute Fähigkeiten)	☐ ausgeprägt (keine gravierenden Auffälligkeiten)	☐ teils/teils (leichte Auffälligkeiten)	☐ beeinträchtigt (stärkere Auffälligkeiten)	☐ stark beeinträchtigt (starke Auffälligkeiten)

Beobachtungen zu Auffälligkeiten:

☐ Die fehlenden Teile der Malvorlage werden nicht erkannt/gezeichnet.
☐ Flüssige Bewegungsabläufe gelingen schlecht.
☐ Begrenzungslinien werden überfahren.
☐ Flüchtiges, oberflächliches Malen.
☐ Starker Mal-/Schreibdruck, verzitterte/verkrampfte Stiftführung.
☐ Die Körpermittellinie kann beim Malen nicht überkreuzt werden, Kind verwendet abwechselnd linke/rechte Hand.

Weitere Beobachtungen:

4. Altersgemäß entwickelte Augenmotorik (Augenmuskelkontrolle)

Aufgabe:				
	A) Fixieren eines Gegenstandes:	unauffällig ☐	auffällig ☐	uneindeutig ☐
	B) Verfolgen eines Gegenstandes:	unauffällig ☐	auffällig ☐	uneindeutig ☐
	C) Wegen folgen:	unauffällig ☐	auffällig ☐	uneindeutig ☐

Im Bereich der Augenmuskelkontrolle sind die Fähigkeiten des Kindes

☐ sehr ausgeprägt (ausgesprochen gute Fähigkeiten)	☐ ausgeprägt (keine gravierenden Auffälligkeiten)	☐ teils/teils (leichte Auffälligkeiten)	☐ beeinträchtigt (stärkere Auffälligkeiten)	☐ stark beeinträchtigt (starke Auffälligkeiten)

Beobachtungen zu Auffälligkeiten:

☐ Abrupte Augenbewegungen, Blicksprünge.
☐ Das Fixieren/Verfolgen eines Gegenstandes gelingt schlecht (weniger als 10 Sek.).
☐ Das Kind hat evtl. Augenfehler (schielt).

Weitere Beobachtungen:

5. Auditives Kurzzeitgedächtnis, Rhythmus erfassen

	Klatschrhythmus		Telefon-Nr.	Zauberspruch
Aufgabe A: (+, –)	☐☐☐☐☐☐	Aufgabe B:	☐☐☐☐☐☐	☐☐☐☐☐☐
	1 2 3 4 5 6		1 2 3 4 5 6	1 2 3 4 5 6

Im Bereich des auditiven Kurzzeitgedächtnisses sind die Fähigkeiten des Kindes

☐ sehr ausgeprägt (ausgesprochen gute Fähigkeiten)	☐ ausgeprägt (keine gravierenden Auffälligkeiten)	☐ teils/teils (leichte Auffälligkeiten)	☐ beeinträchtigt (stärkere Auffälligkeiten)	☐ stark beeinträchtigt (starke Auffälligkeiten)

Beobachtungen zu Auffälligkeiten:

☐ Das Kind erfasst die Anzahl der Klatscher (4 – 5) nicht.
☐ Der Klatschrhythmus wird nicht erfasst.
☐ Eine 4-stellige Zahlenreihe/Silbenreihe nachzusprechen gelingt nicht.

Weitere Beobachtungen:

6. Taktile Wahrnehmung: Berührungs-/Tastwahrnehmung

Aufgaben:

A)	Punkte lokalisieren:	rechte/linke Hand	unauffällig ☐	auffällig ☐	uneindeutig ☐
	Ergänzungsaufgabe:	gleichzeitiges Berühren:	gelingt ☐	gelingt nicht ☐	uneindeutig ☐
B)	Graphästhesie:	rechte/linke Hand	unauffällig ☐	auffällig ☐	uneindeutig ☐

Im Bereich der taktilen Wahrnehmung sind die Fähigkeiten des Kindes

☐ sehr ausgeprägt (ausgesprochen gute Fähigkeiten)	☐ ausgeprägt (keine gravierenden Auffälligkeiten)	☐ teils/teils (leichte Auffälligkeiten)	☐ beeinträchtigt (stärkere Auffälligkeiten)	☐ stark beeinträchtigt (starke Auffälligkeiten)

Beobachtungen zu Auffälligkeiten:

☐ Berührungsreize werden ungenau (mehr als 1 cm Abweichung gezeigt).
☐ Das Kind erkennt die Formen (Graphästhesie) nicht.
☐ Das Kind vermeidet bestimmte Materialien/Stoffe, möchte nicht angefasst werden.

Weitere Beobachtungen:

7. Kinästhetische Wahrnehmung: Muskel- und Bewegungswahrnehmung

Aufgaben:				
	A) Fingerdifferenzierung:	unauffällig ☐	auffällig ☐	uneindeutig ☐
	B) Kreisen mit den Zeigefingern:	unauffällig ☐	auffällig ☐	uneindeutig ☐
	C) Finger-Nase-Versuch:	unauffällig ☐	auffällig ☐	uneindeutig ☐
	D) Imitieren:	unauffällig ☐	auffällig ☐	uneindeutig ☐
	E) Zielgenauigkeit:	unauffällig ☐	auffällig ☐	uneindeutig ☐

Im Bereich der Muskel- und Bewegungswahrnehmung sind die Fähigkeiten des Kindes

☐ sehr ausgeprägt (ausgesprochen gute Fähigkeiten)	☐ ausgeprägt (keine gravierenden Auffälligkeiten)	☐ teils/teils (leichte Auffälligkeiten)	☐ beeinträchtigt (stärkere Auffälligkeiten)	☐ stark beeinträchtigt (starke Auffälligkeiten)

Beobachtungen zu Auffälligkeiten:

☐ Der Bewegungsablauf (Fingerdifferenzierung) ist mühsam, zeigt viele Stockungen, Überspringen von Fingern, mehrmaliges Antippen des gleichen Fingers (kleben bleiben), geht ohne visuelle Hilfe kaum.
☐ Das Kind zeigt assoziierte Mitbewegungen in der nichtbeteiligten Hand, im Gesicht.
☐ Das Kind kann Arm- und Fingerstellungen mit/ohne visuelle Kontrolle nicht imitieren.

Weitere Beobachtungen:

8. Körperschema, Körperorientierung

Aufgaben:				
	A) Mensch-Zeichnung:	unauffällig ☐	auffällig ☐	uneindeutig ☐
	B) Wesentliche Körperteile benennen:	unauffällig ☐	auffällig ☐	uneindeutig ☐
	C) Bewegungsplanung:	unauffällig ☐	auffällig ☐	uneindeutig ☐

Im Bereich des Körperschemas sind die Fähigkeiten des Kindes

☐ sehr ausgeprägt (ausgesprochen gute Fähigkeiten)	☐ ausgeprägt (keine gravierenden Auffälligkeiten)	☐ teils/teils (leichte Auffälligkeiten)	☐ beeinträchtigt (stärkere Auffälligkeiten)	☐ stark beeinträchtigt (starke Auffälligkeiten)

Beobachtungen zu Auffälligkeiten:

☐ Das Kind malt „Kopffüßler“,
☐ kann die wesentlichen Körperteile (Kopf, Bauch, Ohren, Nase, Mund, Hals, Arme, Hand) nicht oder kaum benennen,
☐ kann Bewegungen nicht imitieren, das Überkreuzen der Körpermittellinie gelingt nicht.

Weitere Beobachtungen:

9. Gestalt-Form-Auffassung: visuelles Gedächtnis, visuelles Operieren

Aufgabe:
(+, –)

1	2	3	4	5	6	7	8

Im Bereich der Gestalt-Form-Auffassung sind die Fähigkeiten des Kindes

☐ sehr ausgeprägt (ausgesprochen gute Fähigkeiten)	☐ ausgeprägt (keine gravierenden Auffälligkeiten)	☐ teils/teils (leichte Auffälligkeiten)	☐ beeinträchtigt (stärkere Auffälligkeiten)	☐ stark beeinträchtigt (starke Auffälligkeiten)

Beobachtungen zu Auffälligkeiten:

- ☐ Das Kind kann die Formen nicht aus dem Gedächtnis nachlegen.
- ☐ Die Formen werden in einer anderen Raumlage nachgebaut.
- ☐ Das Kind kann die Stäbchen nicht mit Pinzettengriff erfassen.

Weitere Beobachtungen:

10. Phonologische Bewusstheit: Lautanalyse, Lautsynthese, Silbensegmentierung, Reimpaare erkennen

Aufgabe A: Anlaute erkennen: (+, –)

1	2	3	4	5	6	7	8	9	10	11	12	13	14

Aufgabe B: Silben klatschen: (+, –)

1	2	3	4	5	6	7

Aufgabe C: Lautsynthese: Laute zu einem Wort verbinden: (+, –)

1	2	3	4	5	6	7	8	9	10	11	12

Aufgabe D: Reimpaare erkennen: (+, –)

1	2	3	4	5	6

Im Bereich der phonologischen Bewusstheit sind die Fähigkeiten des Kindes

☐ sehr ausgeprägt (ausgesprochen gute Fähigkeiten)	☐ ausgeprägt (keine gravierenden Auffälligkeiten)	☐ teils/teils (leichte Auffälligkeiten)	☐ beeinträchtigt (stärkere Auffälligkeiten)	☐ stark beeinträchtigt (starke Auffälligkeiten)

Beobachtungen zu Auffälligkeiten:

- ☐ Das Kind ist kaum in der Lage, den Anlaut eines Wortes lautlich zu analysieren.
- ☐ Es kann Wörter nicht in ihren rhythmisch-melodischen Strukturen (Silben klatschen) erfassen.
- ☐ Das Erfassen eines gedehnt gesprochenen Wortklangbildes gelingt schlecht (Lautsynthese).
- ☐ Das Kind erkennt die Klangähnlichkeit von Wörtern (Reimpaaren) nicht.

Weitere Beobachtungen:

11. Mengenerfassung

Aufgabe: (+, –)

1	2	3	4	5	6	7

Im Bereich der Mengenerfassung, der Fähigkeit zur Bildung einer 1 : 1-Zuordnung, sind die Fähigkeiten des Kindes

☐ sehr ausgeprägt (ausgesprochen gute Fähigkeiten)	☐ ausgeprägt (keine gravierenden Auffälligkeiten)	☐ teils/teils (leichte Auffälligkeiten)	☐ beeinträchtigt (stärkere Auffälligkeiten)	☐ stark beeinträchtigt (starke Auffälligkeiten)

Beobachtungen zu Auffälligkeiten:

- ☐ Das Kind kann Mengenunterschiede nicht wahrnehmen (mehr/weniger Stäbchen).
- ☐ Das Kind hat noch keinen Zahlenbegriff von 5 bzw. 6.
- ☐ Das Kind kann die Zahlwortreihe (1 ... 10) nicht aufsagen.
- ☐ Beim Abzählen der Stäbchen (Aufgabe 3) stimmen Rhythmus des Sprechens und Zeigen des jeweiligen Stäbchens nicht überein.

Weitere Beobachtungen:

12. Phonematische Diskriminationsfähigkeit, Lautdifferenzierung

Aufgabe :
(+, –)

1	2	3	4	5	6	7	8	9	10	11	12	13

Im Bereich der Phonematischen Diskriminationsfähigkeit (Lautunterscheidungsfähigkeit) sind die Fähigkeiten des Kindes

☐ sehr ausgeprägt (ausgesprochen gute Fähigkeiten)	☐ ausgeprägt (keine gravierenden Auffälligkeiten)	☐ teils/teils (leichte Auffälligkeiten)	☐ beeinträchtigt (stärkere Auffälligkeiten)	☐ stark beeinträchtigt (starke Auffälligkeiten)

Beobachtungen:

13. Optische Differenzierungsfähigkeit, visuelle Aufmerksamkeitsspanne

Aufgabe:
(+, –)

1	2	3	4	5	6	7	8	9	10	11	12	13	14	15

Im Bereich der optischen Differenzierungsfähigkeit sind die Fähigkeiten des Kindes

☐ sehr ausgeprägt (ausgesprochen gute Fähigkeiten)	☐ ausgeprägt (keine gravierenden Auffälligkeiten)	☐ teils/teils (leichte Auffälligkeiten)	☐ beeinträchtigt (stärkere Auffälligkeiten)	☐ stark beeinträchtigt (starke Auffälligkeiten)

Beobachtungen zu Auffälligkeiten:

- ☐ Das Kind kann feine Unterschiede nicht erkennen.
- ☐ Es wirkt leicht abgelenkt, schaut nicht genau hin.
- ☐ Das Kind neigt zu überschnellem Zeigen, vergleicht nicht.
- ☐ Das Kind braucht sehr lange Zeit, bis es eine Lösung zeigt.

Weitere Beobachtungen:

14. Visuelle Figur-Grund-Erfassung

Aufgabe:
(+, –)

1	2	3

Im Bereich der visuellen Figur-Grund-Wahrnehmung sind die Fähigkeiten des Kindes

☐ sehr ausgeprägt (ausgesprochen gute Fähigkeiten)	☐ ausgeprägt (keine gravierenden Auffälligkeiten)	☐ teils/teils (leichte Auffälligkeiten)	☐ beeinträchtigt (stärkere Auffälligkeiten)	☐ stark beeinträchtigt (starke Auffälligkeiten)

Beobachtungen zu Auffälligkeiten:

- ☐ Das Kind kann sich nicht auf den relevanten Reiz konzentrieren, erkennt eine vorgegebene Figur nicht vor einem komplexen Hintergrund.
- ☐ Verkrampfte Stifthaltung.
- ☐ Das Kind braucht sehr lange zur Lösung.
- ☐ Es ist kaum in der Lage, auf der Linie zu malen (Auge-Hand-Koordination).

Weitere Beobachtungen:

15. Lautbildungsfähigkeit

Im Bereich der Lautbildung sind die Fähigkeiten des Kindes

☐ sehr ausgeprägt (ausgesprochen gute Fähigkeiten)	☐ ausgeprägt (keine gravierenden Auffälligkeiten)	☐ teils/teils (leichte Auffälligkeiten)	☐ beeinträchtigt (stärkere Auffälligkeiten)	☐ stark beeinträchtigt (starke Auffälligkeiten)

Beobachtungen zur Lautbildungsfähigkeit:

- ☐ Das Kind kann folgende Lautverbindungen nicht richtig aussprechen:

1.

2.

3.

16. Visuelles Gedächtnis, Symbolfolgegedächtnis

Aufgabe:
(+, –)

1	2	3	4	5	6

Im Bereich des visuell-motorischen Gedächtnisses sind die Fähigkeiten des Kindes

☐ sehr ausgeprägt (ausgesprochen gute Fähigkeiten)	☐ ausgeprägt (keine gravierenden Auffälligkeiten)	☐ teils/teils (leichte Auffälligkeiten)	☐ beeinträchtigt (stärkere Auffälligkeiten)	☐ stark beeinträchtigt (starke Auffälligkeiten)

Beobachtungen zu Auffälligkeiten:

- ☐ Das Kind kann die Figuren nicht aus dem Gedächtnis nachzeichnen.
- ☐ Es „vergisst“ wichtige Teile der Abbildung.
- ☐ Die räumliche Anordnung der geometrischen Figuren wird vertauscht/vergessen.
- ☐ Das Kind hat graphomotorische Schwierigkeiten.
- ☐ Hoher/geringer Maldruck.

Weitere Beobachtungen:

17. Sprachgedächtnis, auditive Merkfähigkeit

Aufgabe:
(+, –)

1	2

Im Bereich des Sprachgedächtnisses (Erfassen von Zusammenhängen, des Handlungsverlaufs einer Geschichte) sind die Fähigkeiten des Kindes

☐ sehr ausgeprägt (ausgesprochen gute Fähigkeiten) ☐ ausgeprägt (keine gravierenden Auffälligkeiten) ☐ teils/teils (leichte Auffälligkeiten) ☐ beeinträchtigt (stärkere Auffälligkeiten) ☐ stark beeinträchtigt (starke Auffälligkeiten)

Beobachtungen:

18. Handlungsplanung, Sequenzgedächtnis, Sprachverständnis

Aufgabe:
(+, –)

1

Die Aufforderung enthielt ________ verknüpfte Aufträge.

Im Bereich der Handlungsplanung, des Sprachverständnisses (verknüpfte Aufträge durchführen) sind die Fähigkeiten des Kindes

☐ sehr ausgeprägt (ausgesprochen gute Fähigkeiten) ☐ ausgeprägt (keine gravierenden Auffälligkeiten) ☐ teils/teils (leichte Auffälligkeiten) ☐ beeinträchtigt (stärkere Auffälligkeiten) ☐ stark beeinträchtigt (starke Auffälligkeiten)

Beobachtungen:

19. Visuelles Operieren (Reihenbildung, Größenzuordnung, Erhaltung der Zahl)

Aufgabe:
(+, –)

1	2	3	4	5	6	7	8	9	10	11	12

Im Bereich des visuellen Operierens sind die Fähigkeiten des Kindes

☐ sehr ausgeprägt (ausgesprochen gute Fähigkeiten) ☐ ausgeprägt (keine gravierenden Auffälligkeiten) ☐ teils/teils (leichte Auffälligkeiten) ☐ beeinträchtigt (stärkere Auffälligkeiten) ☐ stark beeinträchtigt (starke Auffälligkeiten)

Beobachtungen zu Auffälligkeiten:

☐ Das Kind neigt zu vorschnellen impulsiven Antworten.
☐ Es gelingt ihm schlecht, Größenvergleiche herzustellen.

Weitere Beobachtungen:

Ergänzende Einschätzung des sozial-emotionalen Verhaltens

20. Kontaktfähigkeit

Wie aktiv ist das Kind im Kontakt mit Kindern/Erwachsenen? Knüpft es schnell und ungezwungen Beziehungen, ist es aufgeschlossen oder ist es eher scheu, ängstlich und gehemmt mit anderen, kapselt sich ab?

Das Kind zeigt Kontaktfähigkeit:

☐ sehr ausgeprägt (ausgesprochen gute Fähigkeiten) ☐ ausgeprägt (keine gravierenden Auffälligkeiten) ☐ teils/teils (leichte Auffälligkeiten) ☐ beeinträchtigt (stärkere Auffälligkeiten) ☐ stark beeinträchtigt (starke Auffälligkeiten)

Beobachtungen:

21. Konfliktverhalten

Wie weit trägt das Kind Konflikte physisch aggressiv aus? Praktiziert es mehr die verbale Form der Auseinandersetzung? Ist es kompromissfähig, ausgleichend oder zieht es sich eher ängstlich, resigniert zurück?

Bei Konflikten zeigt das Kind

☐ überwiegend sprachliches Konfliktverhalten	☐ mal physisch agressives, mal verbales Konfliktverhalten	☐ meist physisch aggressives Verhalten	☐ ausgeprägt aggressives Verhalten	☐ zieht sich ängstlich zurück, wehrt sich nicht

Beobachtungen:

22. Eigensteuerung und Kooperationsverhalten

Wie weit kann das Kind eigene Interessen und Bedürfnisse für Gruppenziele zurückstellen? Kann es sich an gemeinsam vereinbarte Regeln halten? Findet es sich in einer größeren Gruppe zurecht? Oder ist es stark auf sich selbst bezogen, denkt nur an seine eigenen Interessen, schließt keine Kompromisse?

Das Kind zeigt Kooperationsfähigkeit und Eigensteuerung

☐ sehr ausgeprägt (ausgesprochen gute Fähigkeiten)	☐ ausgeprägt (keine gravierenden Auffälligkeiten)	☐ teils/teils (leichte Auffälligkeiten)	☐ beeinträchtigt (stärkere Auffälligkeiten)	☐ stark beeinträchtigt (starke Auffälligkeiten)

Beobachtungen:

23. Konzentrationsfähigkeit und Ausdauer

Wie weit kann das Kind konzentriert und längerfristig (ca. 15 – 30 Min.) an einer Aufgabe arbeiten, wie ausdauernd spielt es, kann es sich allein beschäftigen? Oder ist es leicht ablenkbar, bleibt nur kurz bei der Aufgabe/Spielzeug, ermüdet schnell, bringt kaum ein Spiel zu Ende?

Das Kind zeigt Konzentrationsfähigkeit und Ausdauer

☐ sehr ausgeprägt (ausgesprochen gute Fähigkeiten)	☐ ausgeprägt (keine gravierenden Auffälligkeiten)	☐ teils/teils (leichte Auffälligkeiten)	☐ beeinträchtigt (stärkere Auffälligkeiten)	☐ stark beeinträchtigt (starke Auffälligkeiten)

Beobachtungen:

24. Aufmerksamkeit gegenüber dem gesprochenen Wort

Achtet das Kind auf das, was in einer größeren *Gruppe* (z. B. Stuhlkreis) gesprochen wird, hört es aufmerksam und interessiert zu? Oder wird es unruhig, versucht sich abzulenken, macht häufig Faxen?

Das Kind zeigt die Fähigkeit, auch in einer größeren Gruppe konzentriert und aufmerksam zuzuhören,

☐ sehr ausgeprägt (ausgesprochen gute Fähigkeiten)	☐ ausgeprägt (keine gravierenden Auffälligkeiten)	☐ teils/teils (leichte Auffälligkeiten)	☐ beeinträchtigt (stärkere Auffälligkeiten)	☐ stark beeinträchtigt (starke Auffälligkeiten)

Beobachtungen:

25. Ausführungen von Anweisungen und Aufforderungen,

die an die *Gruppe* gerichtet sind. Wie führt das Kind verbale Anweisungen aus? Fasst es schnell auf, führt gut aus, arbeitet selbstständig? Oder ist es langsam, nachlässig, braucht immer wieder Ermunterungen zur Weiterarbeit?

Das Kind zeigt die Fähigkeit, Anweisungen und Aufforderungen zügig und zuverlässig auszuführen,

- ☐ sehr ausgeprägt (ausgesprochen gute Fähigkeiten)
- ☐ ausgeprägt (keine gravierenden Auffälligkeiten)
- ☐ teils/teils (leichte Auffälligkeiten)
- ☐ beeinträchtigt (stärkere Auffälligkeiten)
- ☐ stark beeinträchtigt (starke Auffälligkeiten)

Beobachtungen:

26. Gefühlsstabilität und emotionale Zuwendungsfähigkeit

Wie weit wirkt das Kind ausgeglichen, belastbar? Kann es mit Misserfolgen umgehen? Kann es anderen seine Zuneigung, Sympathie zeigen? Oder ist es eher empfindlich, rasch frustriert, ausdrucksgehemmt, verkracht sich leicht mit anderen Kindern, gibt schnell auf?

Das Verhalten des Kindes wirkt

- ☐ durchwegs gefühlsstabil, ausgeglichen
- ☐ meistens gefühlsstabil, ausgeglichen
- ☐ öfter mal unausgeglichen, labil
- ☐ meistens unausgeglichen, labil

Beobachtungen:

27. Flexibilität des Verhaltens

Wie weit kann sich das Kind in seinem Verhalten verschiedenen Situationen (Stuhlkreis, Gruppenspiel, Freispiel, Stillbeschäftigung) anpassen und sich auf wechselnde Situationen einstellen?

Das Kind ist in der Lage, sein Verhalten wechselnden Situationen anzupassen,

- ☐ sehr ausgeprägt (ausgesprochen gute Fähigkeiten)
- ☐ ausgeprägt (keine gravierenden Auffälligkeiten)
- ☐ teils/teils (leichte Auffälligkeiten)
- ☐ beeinträchtigt (stärkere Auffälligkeiten)
- ☐ stark beeinträchtigt (starke Auffälligkeiten)

Beobachtungen:

28. Neugierverhalten

Zeigt das Kind Interesse und Aufmerksamkeit an neuen Gegenständen, Spielen, Bilderbüchern, Sachverhalten etc.?

Im Bereich des Neugierverhaltens sind die Fähigkeiten des Kindes

- ☐ sehr ausgeprägt (ausgesprochen gute Fähigkeiten)
- ☐ ausgeprägt (keine gravierenden Auffälligkeiten)
- ☐ teils/teils (leichte Auffälligkeiten)
- ☐ beeinträchtigt (stärkere Auffälligkeiten)
- ☐ stark beeinträchtigt (starke Auffälligkeiten)

Beobachtungen:

Entwicklungsprofilbogen

Fähigkeiten

Entwicklungsbereiche:	sehr ausgeprägt (ausgesprochen gute Fähigkeiten)	ausgeprägt (keine gravierenden Auffälligkeiten)	teils/teils (leichte Auffälligkeiten)	beeinträchtigt (stärkere Auffälligkeiten)	stark beeinträchtigt (starke Auffälligkeiten)
1. Lateralität	☐	☐	☐	☐	☐
2. Grobmotorik	☐	☐	☐	☐	☐
3. Feinmotorik	☐	☐	☐	☐	☐
4. Augenmuskelkontrolle	☐	☐	☐	☐	☐
5. Auditives Kurzzeitgedächtnis	☐	☐	☐	☐	☐
6. Taktile Wahrnehmung	☐	☐	☐	☐	☐
7. Kinästhetische Wahrnehmung	☐	☐	☐	☐	☐
8. Körperschema	☐	☐	☐	☐	☐
9. Gestalt-Form-Auffassung	☐	☐	☐	☐	☐
10. Phonologische Bewusstheit	☐	☐	☐	☐	☐
11. Mengenerfassung	☐	☐	☐	☐	☐
12. Phonematische Diskriminationsfähigkeit	☐	☐	☐	☐	☐
13. Optische Diskriminationsfähigkeit	☐	☐	☐	☐	☐
14. Visuelle Figur-Grund-Erfassung	☐	☐	☐	☐	☐
15. Lautbildungsfähigkeit	☐	☐	☐	☐	☐
16. Visuelles Gedächtnis	☐	☐	☐	☐	☐
17. Sprachgedächtnis	☐	☐	☐	☐	☐
18. Handlungsplanung	☐	☐	☐	☐	☐
19. Visuelles Operieren	☐	☐	☐	☐	☐
20. Kontaktfähigkeit	☐	☐	☐	☐	☐
21. Konfliktverhalten	☐	☐	☐	☐	☐
22. Eigensteuerung und Kooperationsverhalten	☐	☐	☐	☐	☐
23. Konzentrationsfähigkeit und Ausdauer	☐	☐	☐	☐	☐
24. Aufmerksamkeit gegenüber dem gesprochenen Wort	☐	☐	☐	☐	☐
25. Ausführungen von Anweisungen an die Gruppe	☐	☐	☐	☐	☐
26. Gefühlsstabilität und emotionale Zuwendungsfähigkeit	☐	☐	☐	☐	☐
27. Flexibilität des Verhaltens	☐	☐	☐	☐	☐
28. Neugierverhalten	☐	☐	☐	☐	☐

A) Besondere Stärken/Interessen des Kindes:

B) Besondere Schwierigkeiten des Kindes:

C) Von den Eltern berichtete Entwicklungsauffälligkeiten:

D) Förderbereiche, Förderschwerpunkte:

E) Bereits durchgeführte Förderungen, z. B. Sprachtherapie, Ergotherapie, Krankengymnastik etc.:

F) Weitere Maßnahmen/Empfehlungen, fachärztliche Untersuchungen: